人事のプロが教える評価を上げ給与をアップする32のキモ

瀬戸口 健治 著

セルバ出版

はじめに

読むだけで給与が上がるような魔法の本はありません。本書も同じく魔法の本ではありません。

本書は、現在、評価や給与が上がらないと考えている人に対して、自分を変化させることの必要性を感じてもらい、変化のきっかけとなることを目的としています。

なぜなら、いろんな研修を受けたり勉強したりして知識が増えても、読者自身が変化しなければそれはあまり意味を成さないですし、読者自身が給与を上げるために変化させることができるのは、経営者や上司ではなく、読者自身だけだからです。

たしかに、ひどい経営者や上司は存在します。しかし、だからといって他人の責任にするのではなく、そんな人の下でも成長し続ける強さを持ってほしいと思います。

本書で伝えたい重要なことは、給与を上げるための要素は職員という立場の人が思っているものと、経営者と呼ばれる立場の人が実際に給与に反映するものでは大きく異なっているということです。

そういったことを、難しい言葉や専門的な言葉をなるべく避け、わかりやすく伝えたつもりです。

本書は、仕事を頑張りたいと思う人に向けて書いた本です。そのことから、あまり努力せずに給与を上げたいと考えている人には馴染まないと思います。

また、本書は、職員といわれる立場の人に向けて書いた本であるにも関わらず、経営者の立場から書いています。つまり、読者に対し根拠のない勇気を与えたり、励ましたりするようなものではなく、多少の厳しさをもった言葉で伝え、経営者の本音を理解してもらい、努力する方向を正しい方向に向けてもらいたいという思いで本書を書きました。

本書を読み終え、努力する方向が見えたとき、また、読者が本書から何かを掴み、心に変化がもたらされたとき、読者に明るい未来がやってくることを心より願います。

瀬戸口　健治

平成25年6月

人事のプロが教える評価を上げ給与をアップする32のキモ　目次

第4章　会社はあなたに何を求めているのか

第5章　上司との接し方

第6章　自分を疑う能力

第7章　コミュニケーションの本当の意味と身につけ方

第8章　ポジティブに行こう

第9章　自己実現・雇用される能力ってなに

第1章　経営者の頭の中を理解しよう

■会社の経営者がアホなのでどうにかしてほしいと思うことについて

《結論》立場が違えば判断が異なる。つまり、職員という立場で経営の判断が正しいかどうかを考えること自体が間違いである。

キモ1 経営者の頭の中を理解しよう

経営者に対して腹が立つこと

会社に勤めている多くの人が、自社の経営者に対して腹が立つことがあると思います。

実際、私も会社に勤務していたときは、

「うちの経営者って何考えてんねん。頭が悪いんやな」

「こんなことも判断でけへんのやったら経営者なんかに話通さんほうがましや」

「経営者の言うてること昨日と違うやん。ただの思いつきで言うてるだけやん」

「経営者の人選っていつも同じやん。能力じゃなくて、ただの好き嫌いが基準やん」

「現場のことも知らんとエラそうなこと言うて、いっぺん現場入ってみろ」

「言い方が悪いわ。人格を疑うわ。そんなんじゃ、ついて行かれへんわ」

などと感じていました。

そして、現在、経営者と一緒に会社をつくり上げていく立場になって、それが違っていたと気づきました。

当時の私

あの当時の私は、経営者から評価されず、給与も上がらなくて当然だと気づきました。

当時の自分は、現場を誰よりも考え、一生懸命やっているつもりでした。それが理解できない経営者に腹が立ち、経営者の経営判断が間違っているように見えました。

何よりも「現場をわかっていないくせに」という思いが強かったのです。

経営者の判断が正しいかどうかを判断するのはおかしい

だからといって、経営者の経営判断が正しいか、間違っているかを私が言うのはおかしいのです。

先ほどの私の「現場をわかってないくせに」という言葉と矛盾するのです。

私も経営をわかっていなかったくせに、です。それなのに「経営判断も正しくできない」と考えてしまっていました。

たとえば、高齢者施設の介護職でいうならば、

「人が足りません。追加で介護職員の数名を募集してください」

というと、経営者側からの回答が、

「何とか現在の人員で回してほしい」

と言われたりします。この経営判断に対しては、多くの人が不満を覚えるのではないでしょうか。


たとえば、もともと介護とは関係のない分野の経営者が介護に進出してきたケースの場合、介護を実際にしたことのない経営者が、

「利用者をそのように抱えたら危ないじゃないか、ちゃんとしなさいよ」

と言ってきたとしたら介護職員は腹が立つと思います。

「介護をわかってないくせにエラそうに言って」となります。「介護のやり方まで素人が口を出すな」となると思います。


それは経営者も同じことです。経営のことがわかっていない人に経営のことに口を出されては腹が立つのです。

職員には踏み込んではならない経営者の領域がある

会社によっては、「職員は家族同然だ」などという場合もあります。私も、「面接」が「お見合い」で、「入社」が「恋愛中」で、「役職就任」が「結婚」などと置き換えるのが好きです。よく似てい

ると感じます。

しかし、そうであれば、恋愛中や結婚して夫婦になったからこそ、踏み込んではならない領域があるのではないでしょうか。

【図表１　経営者と職員の違い】

	経営者	職員
給与の額	低いほうがよい	高いほうがよい
同一賃金内の労働時間	長いほうがよい	短いほうがよい
日々の視点	全体を捉える	自分の仕事の範囲内

「経営者と職員」、「男性と女性」

「男性」と「女性」は、別の生き物であり、本能的にわかりあえない部分が存在します。それを理解すべきです。

「経営者」と「職員」も別の生き物であり、わかりあえないと、私は考えています。

図表１のとおり、そもそも根本的な「給与」というものの考え方自体が真逆なのです。

経営者によっては、「職員の生活のためのものだから高くて問題ない。みんなで頑張って給与が高い会社にしよう」などという場合もありますが、それは職員向けの発言であって、本来的には営利法人は利益を追求するものですから、その発言は本意ではありません。

仮に本意だとしても、その発言の裏には「頑張って給与を上げる分以上に利益を出した場合には」という言葉が付け加えられるでしょう。

【図表２　経営者の頭その１】

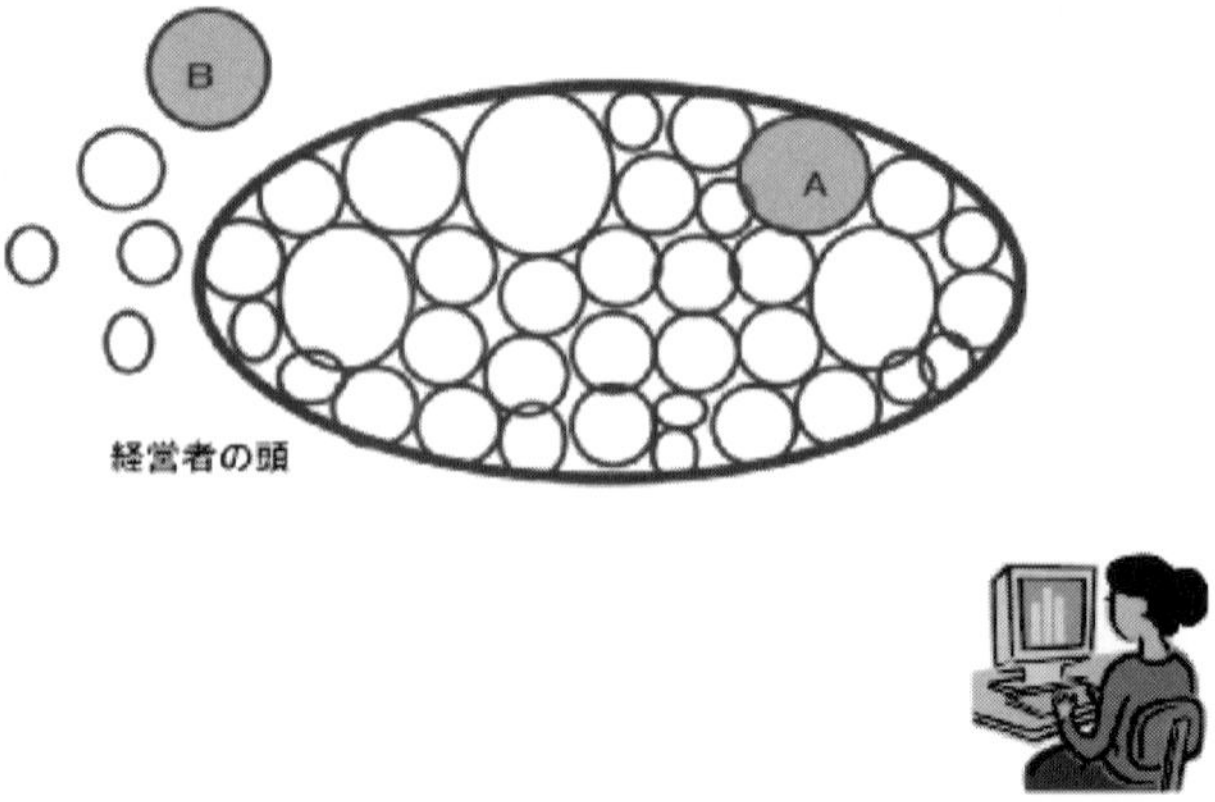

そんな根本的に違う生き物である経営者に、自分をわかってくれと思うほうが難しいと思います。

それよりも、違う生き物だと捉え、相手を受け入れる寛容さを身につけたいものです。

経営者の頭の中

経営者の頭の中を図表2のように表してみました。

普段、経営者というものは、判断しなければならない、または、解決しなければならない事柄で頭の中が埋め尽くされています。

たとえば、

A……「介護職員の人員不足という問題」

B……「決算の必要書類を税理士へ提出」

という問題だとします。

その中において、Bが頭の外にある。さらにはB以外にも頭の外にある。これは、つまり、考えなく

【図表３　経営者の頭その２】

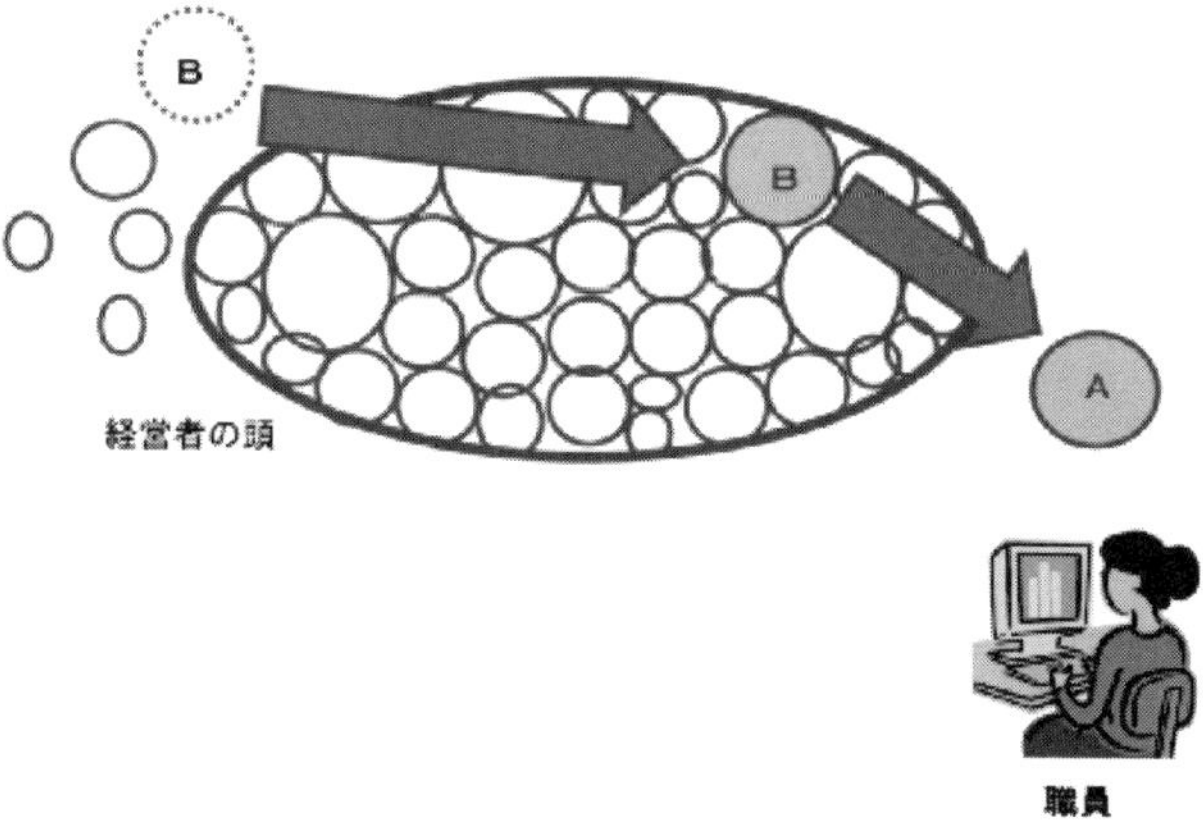

てはならないのに、考える余裕のないものたちです。
そして、図表3のようにAの問題を「現状の人員で回す」という判断をし報告をします。これにより、Bの問題を頭の中に取り入れて、考え始めることができるのです。

経営者の頭の中はパンパン

ここで重要なのが、Aの問題はすでに頭の中に入るスペースがなくなっているということです。

これに対して図表4のように、職員が不満をいい、再度考え直すようにいうと、パンパンに詰まった頭に入れることができないため、「怒る」という表現になります。

これを踏まえて、適正な行動としては、経営者がBを入れる前、つまり、判断する前に、より細かい適正な情報を提供しておく必要があります。

ですから、

【図表４　経営者の頭その３】

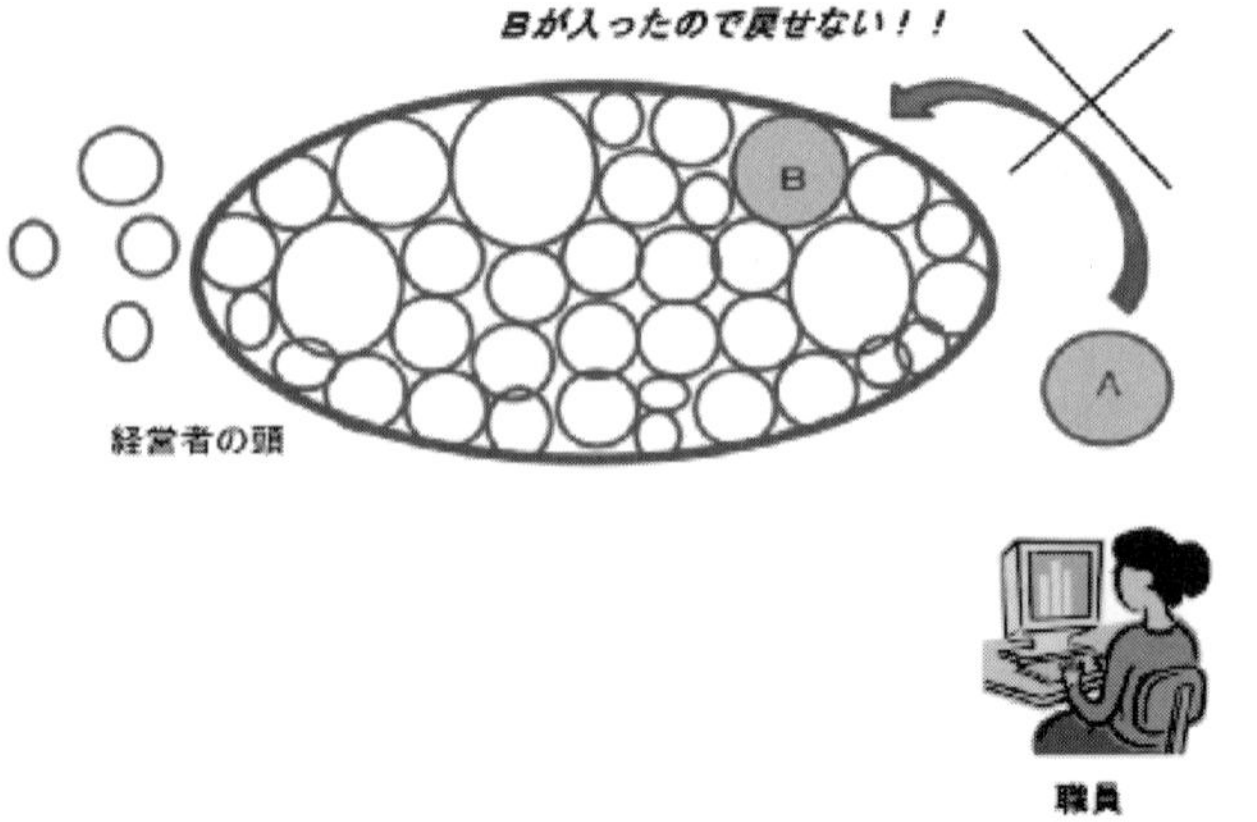

「人が足りません。追加で介護職員を数名募集してください。本当に無理です。このままだったらみんな辞めますよ」

という報告では、適正な判断ができるわけがないのです。

経営者への正しい報告

「追加で介護職員を数名募集してください。現在の人員では、夜勤交替が回せず、夜勤が1名体制になります。この場合、救急搬送時の対応、徘徊者の対応などに追われ、ナースコールに対応できない場合があります。そうなりますと、クレーム、もしくは事故が発生した場合には、使用者責任の問題にもなりかねません」

と報告すべきです。そうすることによって、経営者は、起こり得る問題を理解し、適正に経営判断することができるのです。

つまり、経営者がアホだと思えるのなら、まずは自分の報告の仕方を見直すべきです。

経営者を怒らせない方法

また、図表4にもあるように、経営者の頭の中はパンパンなわけですから、経営者が、たとえばＦＡＸを送るという仕事をあなたに任せたとして、あなたがＦＡＸ送信を忘れてしまって、

「すみません、ＦＡＸを送信するのを忘れていました。本当にすみませんでした」

というような報告をしてしまったとしたら、経営者の多くが怒るか、イラっとすると思います。

それは、あなたの報告に「失敗した結果、その後どうするのか」が表現されていないからです。

そのことは、パンパンになった経営者の頭の中へ、あなたに渡したはずの仕事を、もう一度戻す作業を要することを意味します。

つまり、経営者は、その処理をどうするのか考えなければなりません。ＦＡＸを送れなかったら、他の人に頼むのか、ＦＡＸは明日でもよいのかを再度検討しなければならないのです。そのとき、経営者は怒ります。

このことから、

「すみません、忘れていました。この注文用紙の受付は5時までなのでまだ間に合います。今すぐＦＡＸします」

というように答えるべきです。

そうすれば、経営者は再度パンパンになっている頭の中で考えなくても、ＹＥＳかＮＯで答えれば済むのです。

このように、経営者にはＹＥＳかＮＯで答えさせると、自分で考えなくて済むので、あまり怒らなくなります。

キモ2 経営者の行動パターンを理解しよう

効率よく物事を判断したいと考えている

経営者は日常において、判断しなければならない事柄で頭の中がいっぱいです。

そのことから、より効率よく物事を判断したいと考えています。つまり、経営者は、自分が効率よく判断できる情報を求めています。

資料のつくり直しなどが発生する理由は、その場限りのことでいえば、質問すれば解決するのですが、今後のことを考えると「毎回質問しなければならないのか」という思いから質問をしなくてもよい効率のよい資料作成を、次回から一回でできるように指示しているのです。

経営者にはＹＥＳかＮＯで答えさせる

これを踏まえて考えると、経営者には、「ＹＥＳ」か「ＮＯ」で答えられる質問をする必要があります。なぜなら、これが経営者にとって効率がよいからです。

これでいけば、経営者は、次の4つのいずれかの理由から、非常にストレスを感じることなく会話を進めることができます。

【図表５　経営者にはＹＥＳかＮＯで答えさせる】

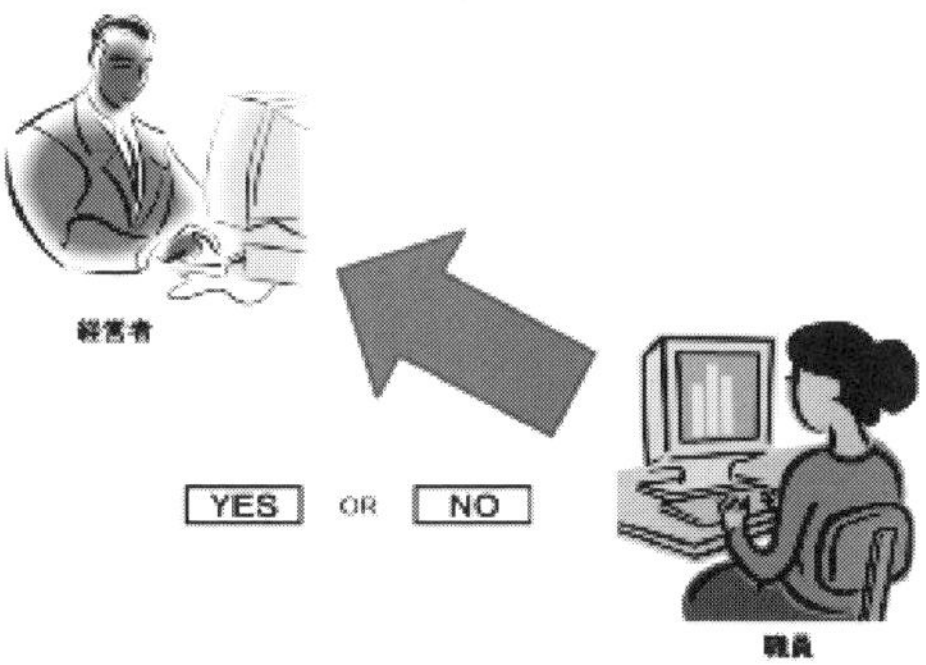

1　考えなくてよい
2　質問者がどれくらい理解して質問しているかわかる
3　相手の理解度がわかれば指示が出しやすい
4　説明が短くて済む

また「ＹＥＳ」か「ＮＯ」で質問するということは、質問の説明は質問者が行っていることになります。

たとえは、

A「会議用の資料は5部作成しておいて、よろしいですか」と質問するのと、

B「会議用の資料は何部作成したらよろしいでしょうか」と質問するのでは大きく異なります。

Aは「ＹＥＳ」で答えられますが、Bは「5部」と答えな

ければならないのです。

ここで重要なのは、経営者からみれば、Aは会議の出席メンバーが理解できていて、5部必要だと考えていることがわかります。

しかし、Bの場合、経営者が5部だと答えても、質問者が会議にどんなメンバーが出席するのか理解しているのかが判明しません。

次の展開を予測しやすくさせる

そうすると、経営者が次に発言する
「前回の資料も2部だけお願い」

という指示をしただけで、Aの質問者ならば、

「わかりました。前回出席できなかった○○さんと××さんの席に置いておきます」

という答えが来ることが予測できますが、Bの質問者であれば、質問者が会議の出席者を理解しているのかどうかがわからないため、

「今回の会議の出席者は○○、××、△△、□□、☆☆だが、前回、○○と××は会議に出席できなかったので、前回の資料も用意してあげて」

と長く説明を付け加えて指示を出さなければならないのです。

Bの会話によって、非常に経営者の効率が悪くなってきます。

【図表６　次の展開を予測しやすくする】

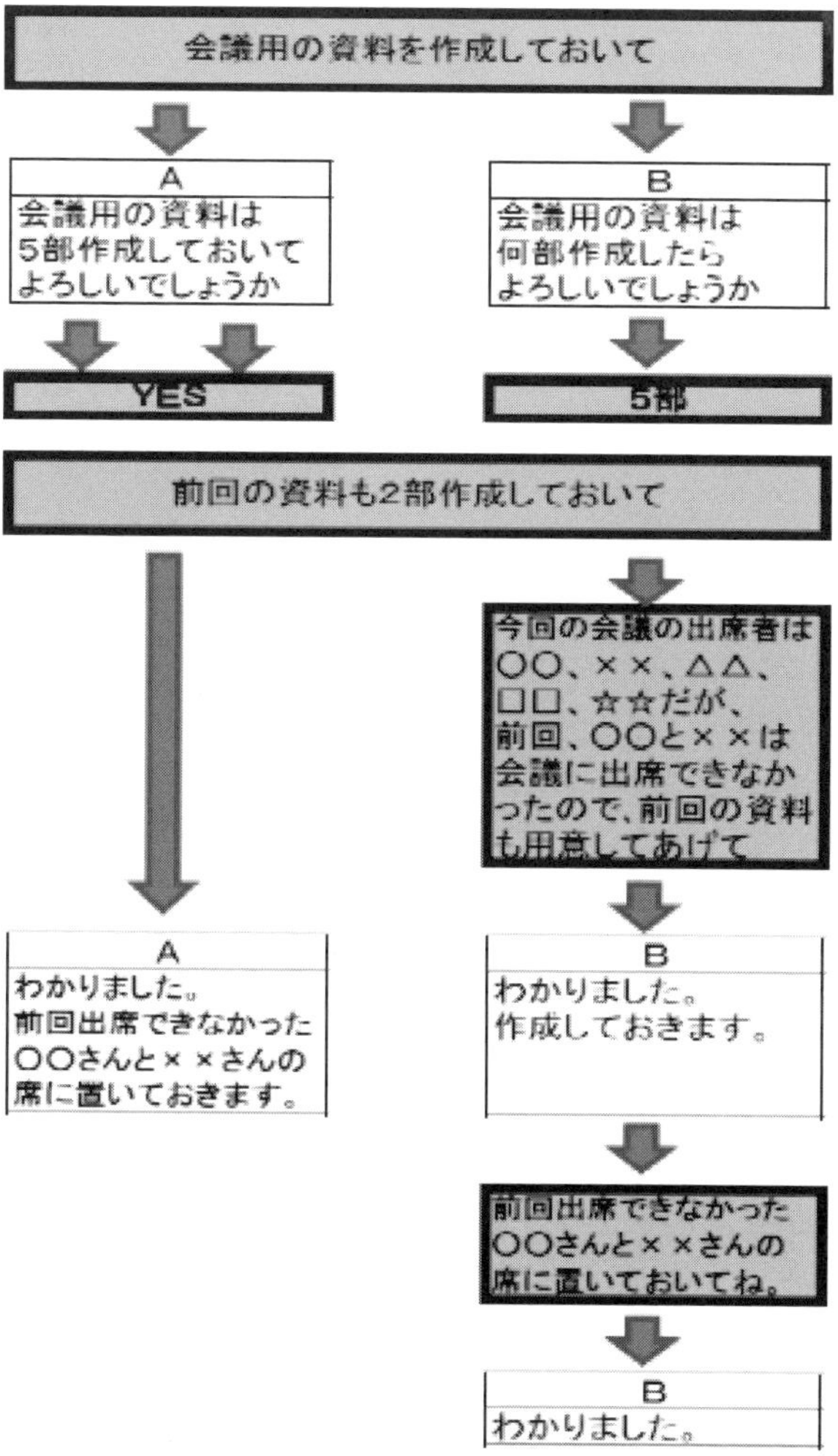

経営者は「報・連・相」の中でも「報」を重視している

よく報連相という言葉を聞かれると思います。いわゆる報告、連絡、相談のことですが、この中

【図表７　経営者は正確な情報がほしい】

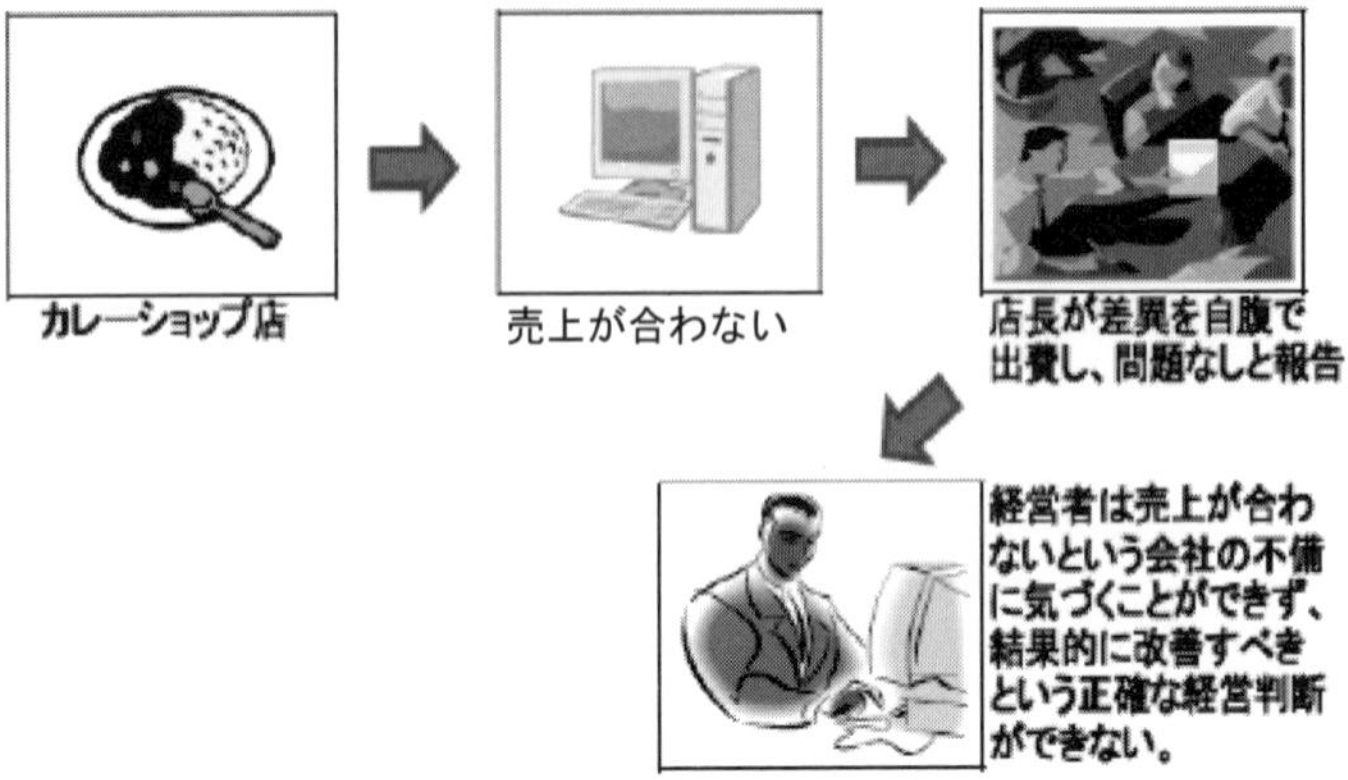

においても、経営者は報告を最重視しています。

それは、経営判断をする上で必要なのは、何よりも「正確な情報」であるからです。

しかしながら、経営者はいくら情報を求めても、正確な情報がなかなか集まらないと不満を感じています。そのことから、報告さえしっかりすれば、経営者はある程度、正確な情報を収集し、適正な経営判断ができるといえます。このことから報告をきっちりすべきです。

この報告に重要なのは、自分の感情を入れないということです。

事実のみを報告する

経営者の求めているのは正確な情報なので、正確な事実のみを反映した報告が必要となります。

しかしながら、現実的には、多少の問題点があっても、自分の責任になるのが嫌なので、問題はないと報告したり、言わなければならないのに、自分に都合が悪いので、

【図表８　事実のみを報告する】

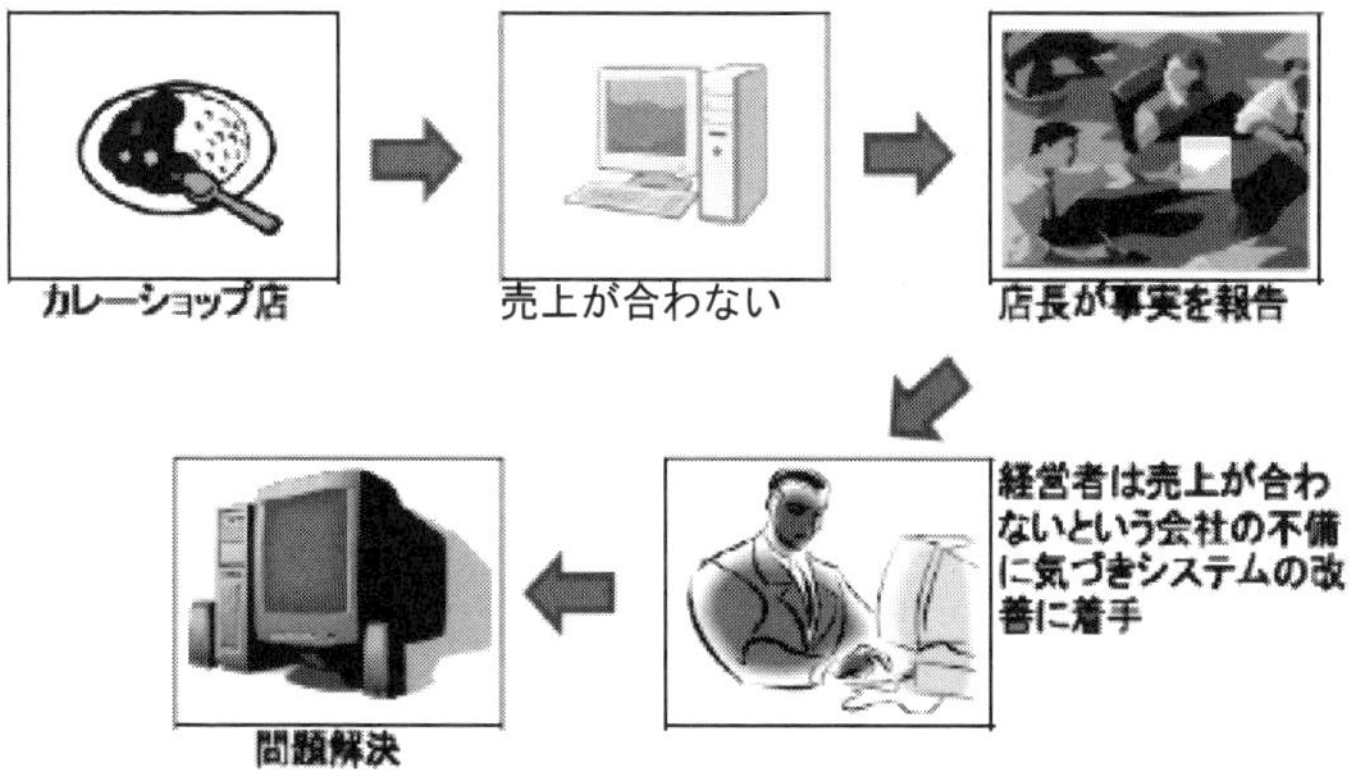

言うのを忘れていたことにしたりといった形で、報告者は情報を結果的に操作してしまいます。

人として、自分がく思われたいとか、自分に不利なことをあえて言うということに抵抗があるでしょうが、もし、その情報を操作したことが発覚した際には、経営者は相当怒ると思います。

なぜなら、正しい経営判断をしようとすることに対して邪魔をする人物となるからです。勇気を出して、経営者には正確な情報を提供しましょう。

会社のためにやったのに経営者を騙したことになる

たとえば、カレーショップ店の店長が閉店後のレジ集計が、いつも少し合わない場合に、少額なので自分のポケットから金銭を出していたとします。

この店長は、経営者との会議の際に、問題点の報告を求められても、このレジの集計が合わないということは報告しないでしょう。

しかし、それでは、経営者はその問題点に気づくことができないのです。

この行為は、会社のために自分の金銭を支払ったとしても、経営者は騙されたと捉えますし、何より、事実を報告しようとしない、その職員を信頼できなくなります。

事実の報告を恐れない

それよりも、事実の報告を恐れることなく、素直に報告すべきです。

今回の例でいえば、レジが合わないのであれば、レジが合わないことを素直に報告します。

そうすると、経営者は、システムの問題なのか、金銭を着服している職員がいるのか、つり銭の勘定が苦手な職員がいるのかなど、「検討」と「対策」を行い、「問題の解決」に向けて進むことができます。

これの繰り返しにより会社はよくなるのです。

「レジが合わないので怒られるのが嫌」

と捉えるのではなく、

「会社の問題点を一緒に解決する」

という意識で報告をしましょう。

そうすれば、経営者にとってあなたは協力者となるわけですから、あなたの意見に耳を傾けてくれるでしょう。

第2章　経営者の求める人物像とは

キモ3　経営者の責任についての考え方

責任感が強い経営者が多数を占める

経営者は、会社の責任を負う立場ですが、その責任は相当重いものです。

このことから、責任感が強い経営者が多数を占めます。

これは何を意味するのかというと、責任感が強いということは、それなりの決断をするということであり、それなりの決断をするということは、周囲にもそれなりの知識や能力、または情報を求めるということです。

そんな経営者は、あなたが不明確な情報や知っておかなければいけないことを知らなかった場合、ガッカリするでしょう。

「できません」「わかりません」は禁句

その中でも特に言ってはいけない言葉は、

「わかりません」

「できません」

です。

なぜ、これらの言葉が特に言ってはいけないのかというと、「わかりません」と言われた経営者はその後どうしたらよいのでしょうか。その他の人を探すか、自分でやらなければなりません。経営者は、それをやる時間がないのであなたに託しているのに、経営者に自分でやれというのは職員として問題があるといわざるを得ません。

また、経営者から見ると、自分のできることだけをやっている人は、結局、その範囲でしか能力を発揮することができず、活躍できる場面が極端に制限されるように見えます。

一度やってみるという姿勢

「わからないので確認してすぐに報告します」

「チャレンジしてみます」

と職員に言われると、経営者は、その職員が成長していく様が手に取るように見えて、期待感が持てます。

また、「できません」は、真逆のことがいえます。

「できない」という言葉は経営者から見れば非常に悪質に映ります。

なぜなら、経営者から見れば本当にできないことをお願いするわけもないですし、本当にできな

【図表９　一度やってみるという姿勢】

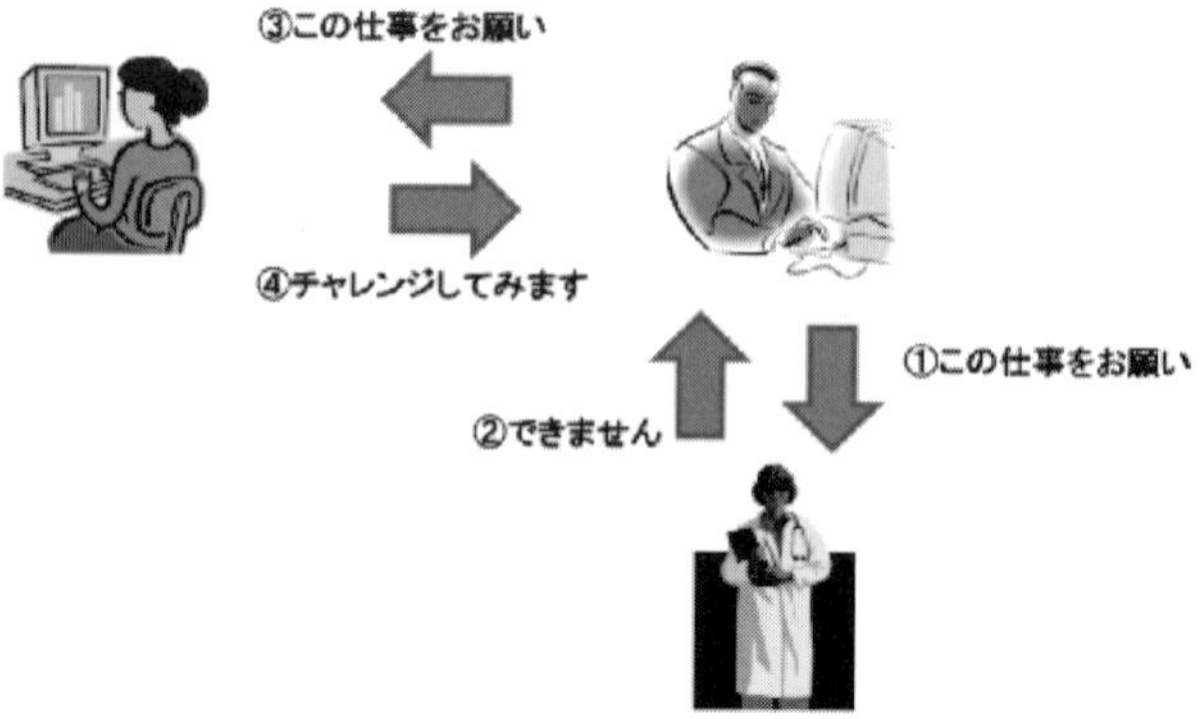

いことは実はあまりないのです。

できるまでやるという姿勢

できるように、できるまで努力すれば大抵のことはできることが多いです。

そういったことからも、できるまで努力してほしいと経営者は考えています。

また、それでもできなければ、対策を考えればよいと考えています。

それを「できない」と言うことは、ただの努力不足にしか映りません。

ただ、みなさんの中にも言われたことをやったのに、言ったことを経営者の考え方が変わったなどという経営者に対する不満を持っている人もいるでしょう。

しかし、経営者からすれば、とにかく始めてみて、採算が合わないので早急に取り止めという判断はよくあります。

「経営者の判断」は経営者にしかわからないのです。あまり気にせず、「チャレンジしてみる」という姿勢で最善の努力をすべきです。

これが、経営者の職員に求めている考え方です。

キモ4　経営者の求めている人物像を理解しよう

経営者に共通する部分

経営者といっても、いろいろなタイプがいるわけですが、その中でも、経営者に共通する部分が存在します。

それは、会社を良くしたいという思いです。

会社を良くするために日々頑張っているのですが、それを逆説で考えてみましょう。

会社を良くする　↓

売上や利益が上がる　↓

良い商品やサービスがある　↓

それを判断するための正確かつ多くの情報を集約する。ということになります。

【図表10　正確な情報を提供する】

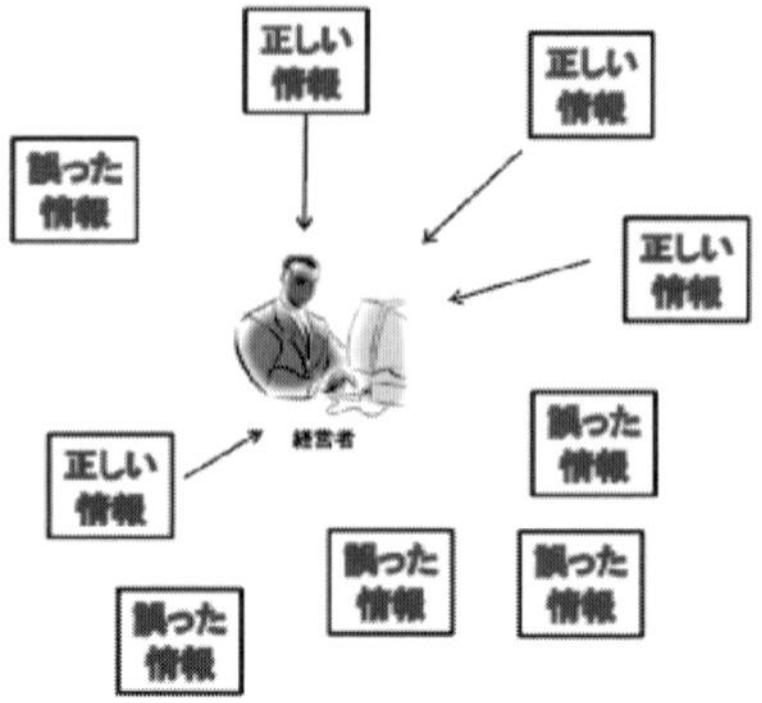

言い換えれば、正確でしかも多くの情報があれば、経営者に能力がなくても、正しい経営判断ができるわけです。

つまり、経営者は常に、正確な情報を欲しています。

このことから、経営者の求めている人物像は、経営者の欲している情報を正確に提供できる人ということになります。

いい人は必要とされない

経営者と接する際につい、「いい人と思われたい」とか、「自分が悪くないことを理解してもらいたい」などと考えてしまいます。

そうすることによって、経営者への報告に主観が入り、情報がブレます。

経営者はこれを嫌います。前述にもあるとおり、正確な情報がなければ経営判断が狂うからです。

また、経営者は、立場的には経営者に気に入られたいと思う人が周りに多くいますので、その人の情報が正確なものなのか、主観が入っているのかを瞬時に判断できます。

これは、介護職員が長く勤務していると高齢者のことがわかってくるのと同じことで、そういう能力が身につきます。

そのことから、重要なのは、いい人であろうとすればするほど信頼されないということです。あくまでも、たとえ怒られることがわかっていても、「誠実」に「正確な情報」を提供すべきです。

これにより、経営者はあなたのことを信頼しくれるようになります。

表現がストレートな人が喜ばれる

このことから、表現はストレートでなければなりません。ちなみに「きつい」とは違いますので留意が必要です。

たとえば、「出荷の時間は何時まで」と経営者に聞かれた場合、その回答としてよく見受けられるのが、「まだ間に合います」といった回答です。

あくまでも経営者は「何時まで」という時間を聞いているのです。

しかしながら、表現がストレートでなく、自分は間違っていないと伝えたい気持ちがある人は、「まだ間に合います」と答え、出荷ミスをしていないことを無意識に主張してしまいます。

これに対し、経営者は不必要な情報で、正確な情報ではないことに不快感を覚えます。

ちなみに、経営者は職員に対して言い方がクールであったり、ストレートであったりする場合が多いですが、これは冷たいのではなく、より正確な情報を相手に伝えようとしている場合が多いからです。

つまり、相手の判断や回答がブレないようにという思いやりです。

確認する際には経営者の頭の中をイメージする

たとえば、経営者に確認を求められた場合に、

「イベントの受入準備をしなければならないな、あの会社は何名様で来られると言っていた？」

と質問されたとき、あなたがその会社に何名で来られるか確認を取るとします。

その際に重要なのが、経営者の頭の中を「イメージ」することです。

この経営者は、何が聞きたいのだろうとイメージできれば、相手の会社への質問も素晴らしいものになります。それができていない人は、

「今度のイベントには何名様でお越しになられますか」

と質問します。そうしてそれを経営者に報告すると、次に、

「車何台で来るって？」

と質問されると、そういった人は、

「あ、聞いていませんでした、確認します」

と答え、再度相手の会社に確認します。

これを繰り返し、経営者と相手の会社の両者をイライラさせ、時間だけを要することになります。

経営者の頭の中をイメージし同じ気持ちで確認や質問をする

しかしながら、経営者の頭の中をイメージできている人は、経営者が「イベントを混乱なく進め

【図表 11　経営者と同じ気持ちで確認や質問をする】

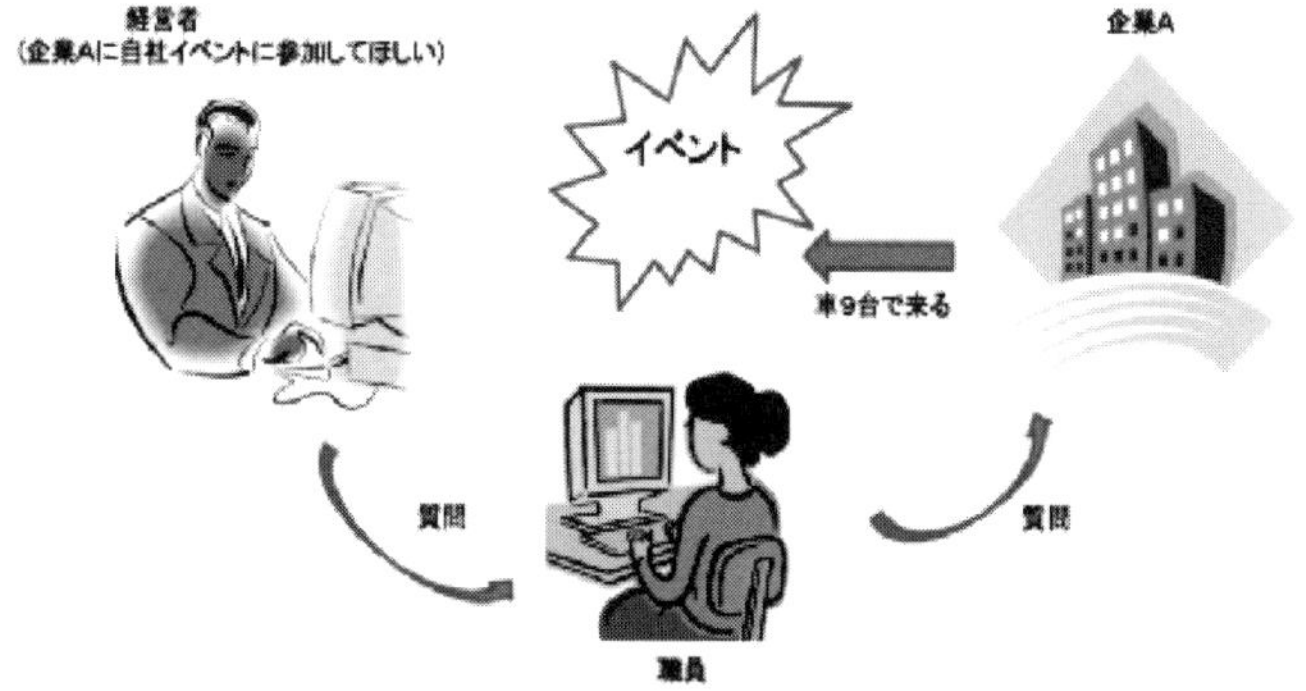

たいのだな」と理解し、そのための情報を収集します。具体的にこの例でいうならば、

「今度のイベントは何名様で来られますか」

「9名で行こうと思っております」

「ありがとうございます。そうしましたら、お車は３台で来られますでしょうか」

「いえ、それぞれ外出先から伺うので、９台になると思います」

「かしこまりました。当日はお気をつけてお越しくださいませ。なお、当日、駐車場入口付近でお車が込み合うことが予想されますので、お時間が許すようでしたら、少しお早めにお越しくださいますようお願い申し上げます」

と応対すべきです。

自分の頭の中で判断をしない

なぜなら、経営者はイベントを混乱なく進めたと思っているのであれば、また、それを理解して質問したのであれ

【図表12　自分の頭の中で判断しない】

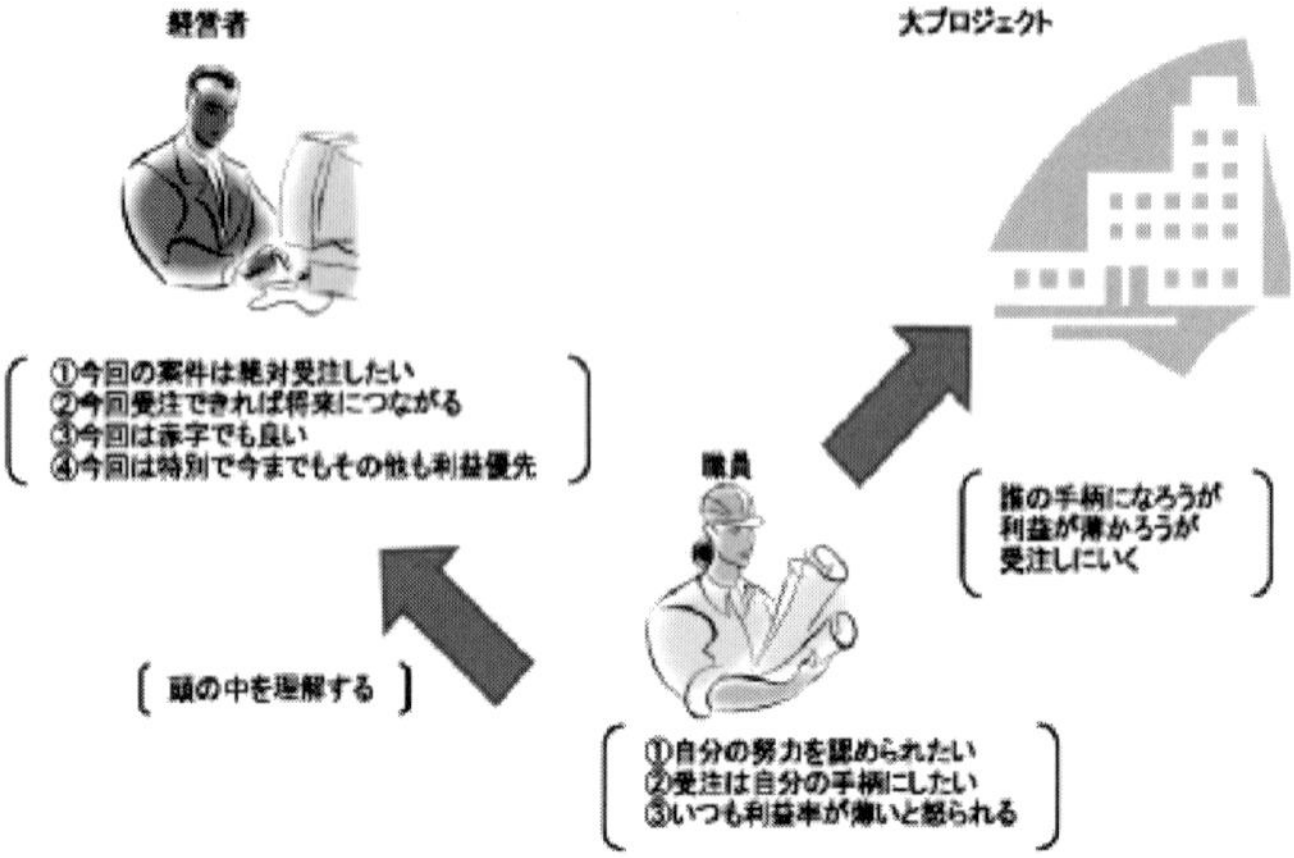

ば、経営者の次の質問も予測できるからです。

先方が9台の車でばらばらに来場されるということを経営者が聞くと、そのうちのどなたかが、駐車場入口で渋滞に巻き込まれてしまい、参加できない、または遅刻してしまうことを危惧するだろうと予測できます。

そうすると、経営者からの次の指示として、

「先方に、駐車場入口付近で混雑する旨をお伝えして、少し早めにお越しいただいて、ぜひ全員ご参加いただけるようにお願いしておいて」

などという指示が来るのではないかと予測できます。そのことから、事前に先方にお伝えしておくのです。

あなたが、その旨を事前にお伝えしていることを知った経営者は、さぞかしあなたを頼りにすることでしょう。

しかし、ここで難しいのが、「勝手なことをするな」

と怒られるのでないだろうかという問題点です。

これは、ちゃんと、経営者の頭の中を理解していれば、問題のないことです。指示を受けた側の頭の中だけで行動したり判断したりすると「勝手なことをして」となるということを理解しておきましょう。

キモ5　法と道徳を理解しよう

法的な主張をするのは労働者の権利

職員という立場は、労働基準法などのいわゆる労働法で守られています。

そのことから、法的な主張をするのは、労働者の権利であるといえます。

しかし、たとえば、私は、道路を歩いていて、5回も自動車事故に遭ったことがあるという人と話をしたことがあります。

その人に「自分も悪いということがわかっていますか」と質問しました。

そうすると「どうしてですか」と返ってきました。

私がその人に「自分も悪いとわかっていますか」といった理由は、その人が「横断歩道などは歩行者優先だから、車が避けなさい」と考えているからです。

法的には間違っていません。また、事故に遭うまでは、それでよいかもしれません。

しかし、何度か事故に遭った時点で、「事故に遭いたくないならば」自分も注意し、避ける必要があることに気づくべきです。

法を主張するのか、現実的利益を取るのか

具体的には、車がきたならば、少し端に寄るとか、夜ならば、少し見えやすい位置にいるだとか、とにかく相手に対し「見えなかった」や「当たると思わなかった」ということがないように配慮すべきです。

自分は歩行者なので、法律的には自分が守られるべきだという主張は正しくても、危険予知とその対策をしなければ事故に遭う確率は上がります。

これは職員という立場でも同じことがいえます。

いくら法に守られているからといって、「何が悪いんだ、自分の言うとおりにしろ」という態度では、一定の確率で経営者とぶつかるといえます。

法の権利行使と道徳

そもそも、社会は法だけで成り立っているのではないということについて理解が必要です。

法以外に「道徳」というものが存在します。

たとえば、お隣さんと道で会ったときに、自分の機嫌が悪いからといって面倒くさそうに舌打ちをした場合、法的には問題ないのかもしれませんが、道徳的には問題があるといわざるを得ません。

さらには、こんな態度では、お隣さんと友好な関係を築くことは難しいでしょう。

これと同じで、経営者と職員の間にも法も存在しますが、道徳も存在することを忘れてはいけません。

【図表13　法と道徳で成り立つ社会】

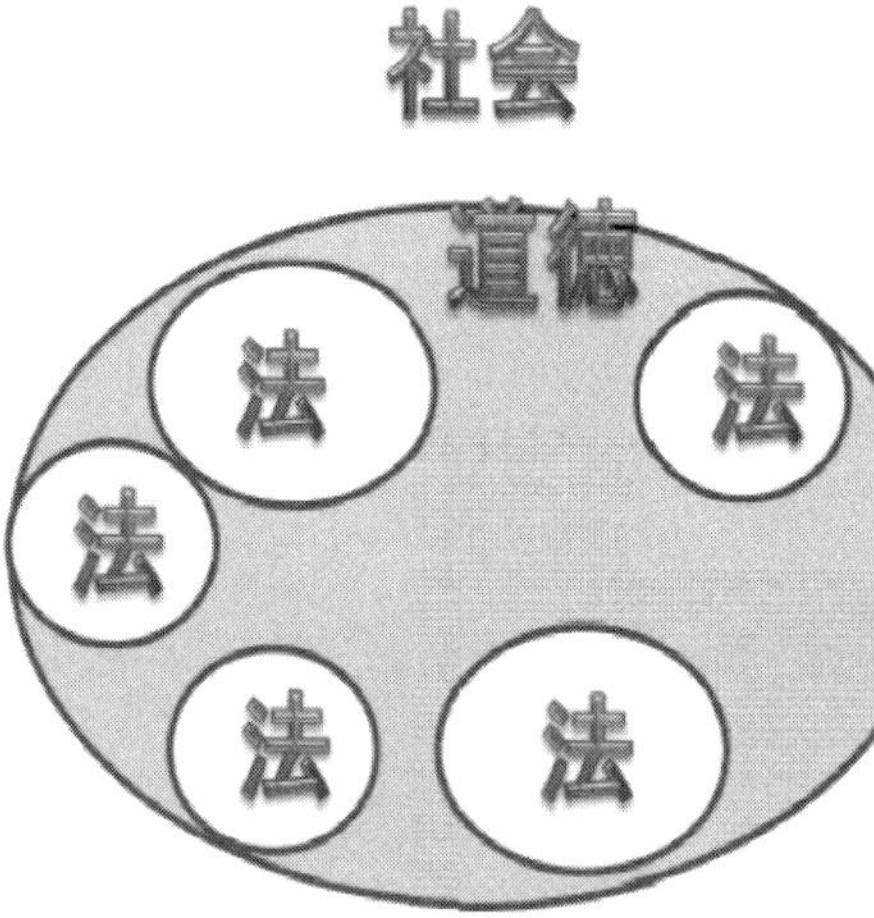

道徳的問題も考慮すべき

現在では、労働基準監督署などに気軽に相談に行く職員が増えてきましたが、わからないことがあれば、相談しに行くのはよいかもしれません。

しかしながら、そこから先、つまり、労働基準監督署に相談に行ったが、「自分の労働契約書のこの部分は違法ではないのか、労働基準監督署もそういっていた」

というような主張は、法的には間違っていないのですが、道徳的には問題がないか考えるべきです。

自分が働いている会社の問題点を会社に言わずに、会社を監督する立場の行政に言いに行くという行為は、問題なしとはいえません。

たとえば、自分の家の鉢植えが、知らないうちに隣の敷地にほんの僅か侵入してしまっていた場合、こちらには何も言わず、警察に通報されて、突然警察官に「お宅の鉢植えを今すぐどけるようにお隣さんが言っていますので、至急対応しなさい」と言われたとき、あなたは、そんなお隣さんと、これから先も友好な関係を築くことができるでしょうか。

直接話し合えばいいじゃないかと思わないでしょうか。

さらには、直接話し合って意見が対立した際に、突然警察に通報されたらどんな気分になるでしょうか。

そういった相手の気持ちを踏まえながら行動しなければなりません。

権利行使は慎重にすべき

会社の違法性を通報した場合に、その職員に不利益を与えてはならないという法もあります。

この法が今回の場面で該当するかどうかはともかく、職員は労働基準法などの「法」により保護されています。

しかし、理解しておかなければならないのは、労働法や労働基準監督署は法によって成り立って

【図表 14　立場によって解釈がある】

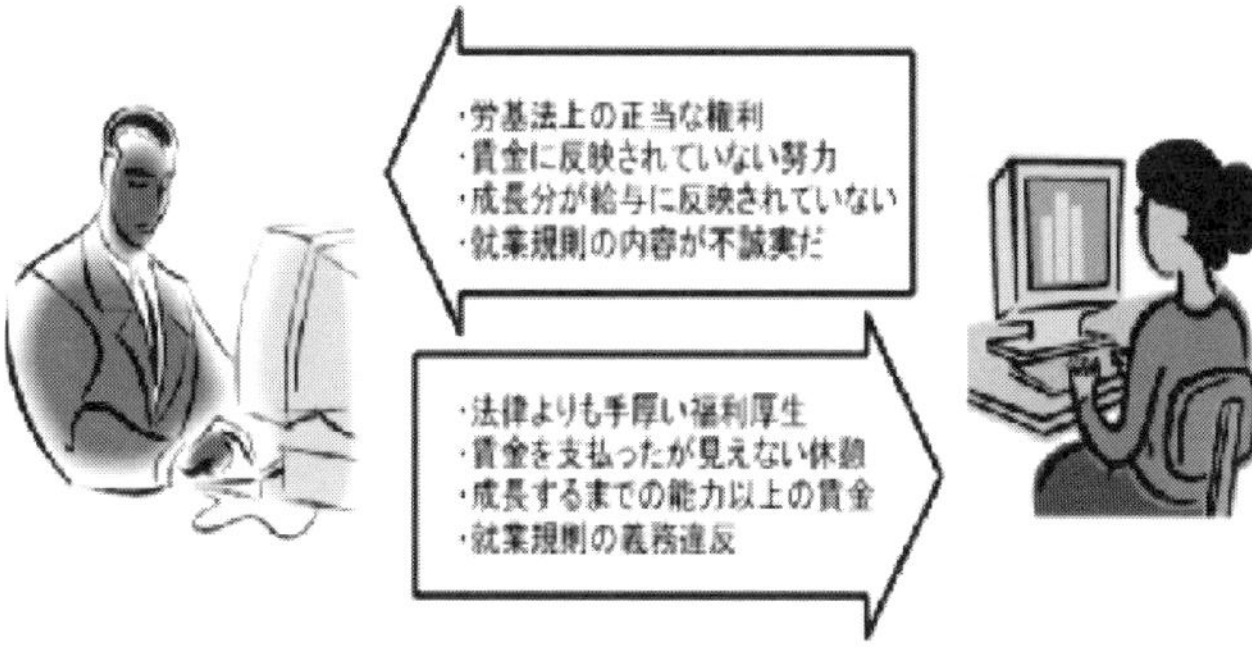
・労基法上の正当な権利
・賃金に反映されていない努力
・成長分が給与に反映されていない
・就業規則の内容が不誠実だ
・法律よりも手厚い福利厚生
・賃金を支払ったが見えない休憩
・成長するまでの能力以上の賃金
・就業規則の義務違反

いますので、原則は法の範囲で物事を判断します。

しかし、現実の社会は、道徳が存在するのです。

その道徳を見極めるのはあなた自身です。

そこで判断を誤ってはいけません。

ちなみに、法的に大きな不利益を受けているにも関わらず、それを泣き寝入りすべきだということではありません。

自分の権利を主張する際には、

①　法にはそれぞれの立場によって解釈があり、それは立場によって判断が異なる場合があること

②　社会には道徳が存在すること

を踏まえ、権利行使をすべきだということです。

あなたにとって本当に有益なことは、周囲や法に惑わされることなく、あなた自信で判断しなければならないということです。

権利と義務

たとえば、月給の職員で、毎日のタイムカードの打刻が定時

より数分過ぎているような場合、その数分間の残業代の支払いについて、労働基準監督署に相談に行けば、請求できる可能性が高いと判断されるでしょう。

しかし、就業規則からいっても、月給の職員に対して欠勤控除を行わない会社の場合は、あなたが病気のため欠勤しても給与を減額しません。

ノーワークノーペイといって、働かない時間に対しては給与を支払わなくてもよいのに慶弔休暇として給与を払ってくれる会社は多く存在します。

あなたの息子が甲子園の決勝でマウンドに立つことになったならば、または、息子がオリンピックに選手として出場することになったならば、ほとんどの会社や経営者はあなたを思いやり、配慮してくれるでしょう。

さらには、職員のために福利厚生として、会社や経営者が資金を補助してくれていることも少なくないでしょう。

これらのようなことがある会社もありますし、ない会社もあります。

悪質な会社で、どうしても労働基準監督署から一言いってもらいたいと思うこともあるでしょう。しかし、あなたが、権利にこだわるのであれば、経営者も義務ではないこれらのものを排除していくでしょう。

お互いに道徳的な思いやりを持つことが大切です。

第3章　評価されないのはなぜ

■評価されないことについて

《結論》評価されたいと思うからである。

会社に認めてもらうために全力で取り組み努力すること

会社に入社した人の多くは、会社に認めてもらうために、次のようなことに全力で取り組み努力すると思います。

・技術を向上させる
・結果を出す
・周囲と仲良くやる
・上司の指示に「はい」と答え、あまり口答えをしない
・上司と飲みに行く
・多少のサービス残業は受け入れる
・ミスをなるべくしない
・顧客を喜ばせる

しかし、会社の評価はイマイチ上がらず、給与にもあまり反映されない。そのため、会社への不

満が募り、転職を検討したり、サービス残業代を会社に請求してみたり、会社に「なぜ給与を上げてくれないのか」と直談判をすることになったりします。それでも、多くの会社は「わかりました、給与を上げます」とは言ってくれません。

自分を変える

そんな会社の姿勢に不満は膨れ上がり、そして会社の姿勢に呆れ果て、転職することになりますが、そこでも同じことが繰り返されます。そして、「なかなか良い会社ってないものだな」などと結論づける人が多いのが実情です。

しかし、その結論では何も解決しません。

物事には理由があり、それを見つけ出すことが大切です。

では、その理由が会社や先輩、もしくは同僚にある場合はどうすべきでしょうか。

それは本書には書かれていません。

本書では、ほんの僅かでも本人にも評価されない理由があると捉え、それを改善しようと考えています。

なぜなら、他人の問題は、自分では解決のできない問題だからです。

相手が変わるのを待つしかないからです。

それに捉らわれていては前へは進めません。

前へ進むためには、自分を変えていくしかないのです。

たしかにひどい経営者や上司はいる

たしかに、言い方に問題がある場合や、横柄な態度の経営者や上司は存在し、そういった人と接すると「嫌だ」「納得できない」「尊敬できない」などという気持ちになることはわかります。

もちろん、そういった態度を取る人を肯定するつもりはありません。そういった人もそういった態度を改善すべきではあると思います。

しかし、そういった人に文句ばかり言って、その人の責任にしていては、この先も評価されないでしょうし、転職し続けることになるでしょう。

なぜなら、理想とする経営者や上司は自分の中にしか存在せず、それを現実の人物に求めても無理があるからです。

まさに「理想が高過ぎて恋人ができない」状態です。

また、仮にそういった理想の人がいたとしても、経営方針の転換、人事異動、上司の退職などがあった場合、あなたの環境は崩壊します。

そして違うタイプの新しい経営者や上司がやってきたとき、あなたはまた文句を言うでしょう。

こんな他人に左右される人生は、不安ではないでしょうか。

私なら、自分の責任で自分の人生や自分の価値を決めていきたいと考えます。

【図表15　自分の問題点を発見して改善する】

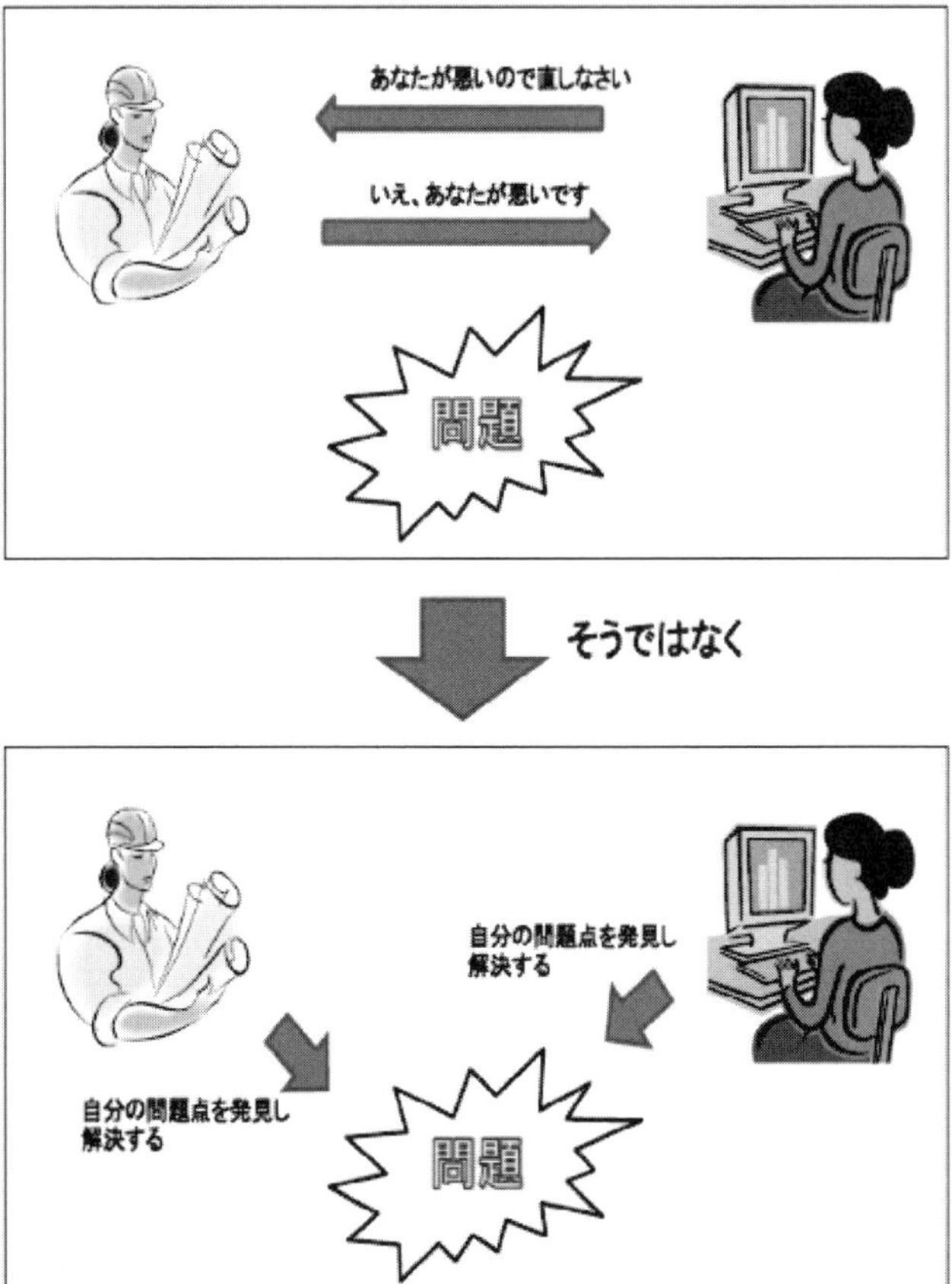

キモ6　評価されたいと思うことをやめよう

人はどんな人を尊敬するか

人はどんな人を尊敬するでしょうか。

たとえば、

「俺は偉いんだ」

「俺の言うことを聞け。俺の言うとおりにやっていれば間違いない」

「お前と俺は能力に圧倒的な差があるのだから、俺のことをもっと尊敬しろ」

などと言われて、その人を尊敬できるでしょうか。その人がいくら優秀でも尊敬しにくいだろうと思います。

さらにいえば、スポーツ選手が日々のすさまじい努力の結果、優勝すれば、見ているこちらも感動します。また、残念な結果になっても、辛さをグッと堪えながら「自分の実力不足です」と語る姿に涙するでしょう。

しかし、残念な結果だった人がテレビのインタビューで、

【図表16　自分の発想を会社に押し付けない】

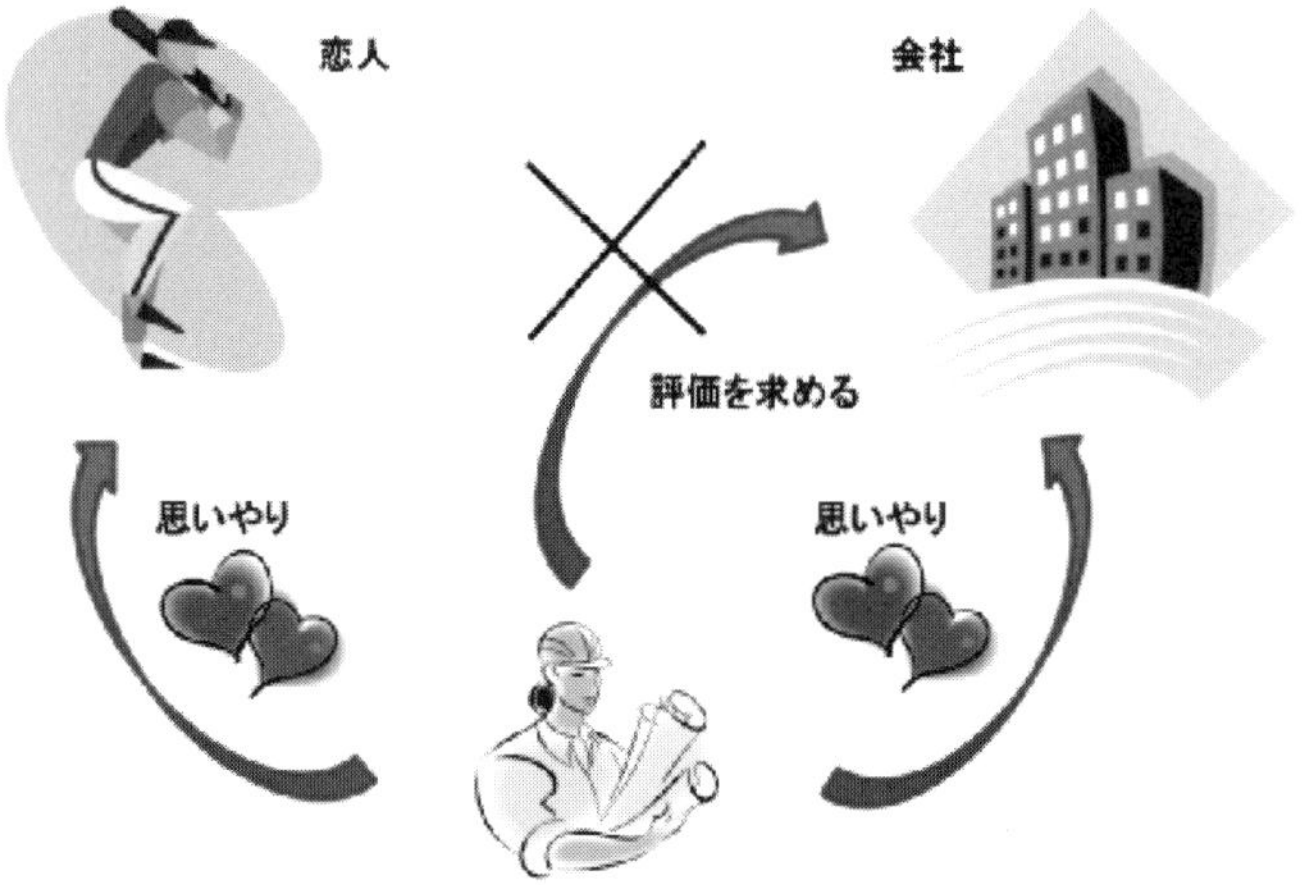

「テレビを見ている皆様、どうぞ理解してください。この競技で優勝するのは難しいです。これでも、良い結果だと思います」

と言われると、まったく感動できません。それどころか、あまり応援したくなくなるのではないでしょうか。

評価してほしいという思いを会社に押し付けない

これは、会社内でも同じことがいえます。

自分の上司や同僚の中に、目標に向かい一生懸命努力し、人に見返りを求めず、人を助け、評価などを気にせず、周囲から尊敬されても、心から謙遜できるような人がいれば、思わず尊敬してしまうでしょう。

会社も人の集団なのだから、同じです。

「評価してほしい」

「自分はこんなに頑張っているのに、なぜ、自分は評価してもらえないのか」

そうした発想を会社に押し付けては、どれだけ努力しても評価されにくいといわざるを得ません。

私の経験談

私の経験談でいうと、若かりし頃に勤務していた会社では、評価されなかったという強い印象と不満がありました。


実際に、相当の結果を出したつもりであったし、努力もしました。

私は、とにかく評価されて、上のポストに上がりたかったのです。

しかし、結果は出していたがよく怒られたし、上司とのトラブルも多少ありました。

当時は、そういった自分を評価してくれない会社に対し、

「アホな会社だ」

「この会社は人を評価する能力がない」

「こんな会社いつかは倒産する」

と思いました。

私は解雇された経験がある

しかし、その会社を退職して数年経過し、私にある事件が起きました。

勤務した社労士事務所から、入所後１か月で解雇されてしまったのです。

こんなに悔しいことはありません。

何のミスもしていないし、仕事が遅れたこともありません。

あまりに悔しいので解雇理由をそこの女性所長に尋ねてみました。

そうすると、その所長はこう言いました。

「あんたは、生意気やねん」

より一層腹が立ちました。

口答えをしたつもりはないし、文句を言ったこともありません。

とにかく、いつも言っていることが支離滅裂でわけのわからないことばかりを言う、その所長に一生懸命気を遣っていました。それなのにそんな言われ方をしました。

本当に眠れませんでした。

解雇された理由の分析

解雇された状況を分析するしか自分を収める方法がありませんでした。

その結果、まず残業代の請求に問題があると理解しました。

私は、残業代の支払いなどなくてもまったく問題ありませんでした。

実際に、行政書士事務所で勉強していた頃などは、請求などしたことがありませんでした。

今回も、その社労士事務所でも勉強させてもらえるだけで十分なので、給与の額や残業代などは本当にどちらでもよかったのですが、社労士事務所なのだから、給与のことなどはきっちりしたいのかもしれないと思い、その事務所の先輩に相談してみました。そうすると、

「ここではきっちり請求したほうがよい」

と言われたので、そうしました。

それが、所長からみると仕事もまだできないくせに、権利ばかり主張する人に映ってしまったのだと思います。

もう1つの分析結果が交通費の請求についてです。

交通費もどちらでもよかったのですが、バスの停留所で4停留所目から支給すると言われたので、たまたま住居の最寄りのバス停が4停留所目だったことから、規則に則りバス代を請求したのです。

それがいけなかったようです。

後日、交通費支給に関する説明に誤りがあったとして、4停留所目までは支給しないと言い直されました。

ここで重要なのは法律上の権利では、私は間違っていません。

しかし、当時、見習い中の私に適正な価格の給与の支払いを受けるだけの能力があったかといえば、「ない」と言い切れます。

このことから、私には配慮に欠けている部分があると判断しました。

「相手を理解できていなかった」と考えました。

解雇になった私のその後

解雇になった私は、その後、生活のために百貨店にテナントとして入っている店舗でアルバイトを始めました。

しかし、そのアルバイトでは、絶対的な覚悟がありました。

それは社労士事務所ではできなかった「相手を理解し、相手の望むことをすべてやり切ろう」という覚悟です。

その結果は、想像をはるかに超えるものでした。

その店舗の女性店長は怖くて有名でしたが、とにかくその女性店長の指示の趣旨を理解しようとしました。

相手を知ろうとしました。興味を持とうとしました。そして、勤務している会社を理解しようとしました。

現在、何を売りたいと考えているのか、この店舗をどうしようと考えているのかなどです。

評価されるようになった私

そうすると、私がアルバイトであるにも関わらず、店舗を任せてくれるようになり、売上も順調に伸びました。

そして、何と、その怖くて有名な女性店長から私だけは怒られなかったのです。

何より驚いたのが、百貨店のマネジャーが私の店舗だけが売上を伸ばしているので、私に興味を持つようになり、一緒に飲みに行くこともありました。

1テナントの、1アルバイトが、百貨店のマネジャーと2人で飲みに行って相談を受けるとはなかなかないことです。

このように、評価されたいと思っていた私は、評価されたいと思うことよりも、相手を知ろうと考え方を変えるようになりました。

これが、評価されない人生から評価される人生（手前味噌で申し訳ないですが…）に変化していったきっかけです。

キモ7 残業を頑張っているのにそれをあまり評価されない理由

会社は残業を評価するつもりがない

残業を頑張っているにも関わらず評価が上がらないのは、会社が残業を評価するつもりがない場合が多いからです。

なぜ会社のために家庭を犠牲にまでして残業しているのに、それを評価してくれないのでしょうか。

(ちなみにここでの話は、きちんと残業代を支給する会社であるという前提です)。

会社は、職員にある程度の責任感を求めています。

それは、任された仕事をきっちりやり切るということです。

そのことから、残業をする必要があるかどうかではなく、仕事をやり切ることは当然だと捉えています。

また、原則は、時間内に収めてほしいと考えていますが、どうしても無理な時期や、やむを得ない場合もあると捉えています。

残業はコストがかかる

ただ、やはり、コスト面から、なるべく残業は避けてほしいと考えていることから、「残務処理」などという必要性の不明確な残業は逆にマイナス評価となります。

つまり残業しても評価は下がることになります。

なぜなら「残務処理」ならば、頑張れば時間内にできたかもしれません。

もしくは、明日でもよいのかもしれません。

【図表17　残業はコストがかかる】

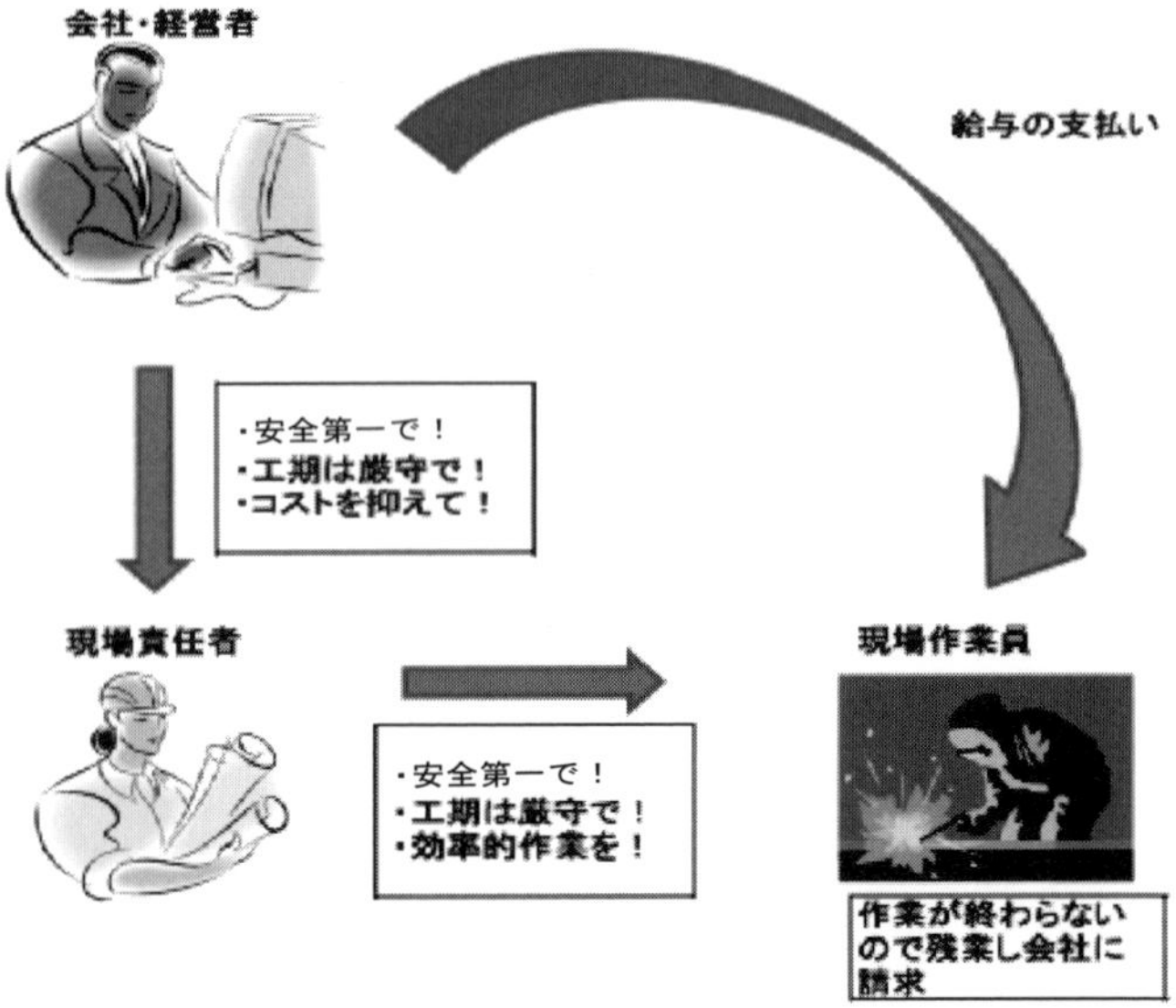
会社・経営者
給与の支払い
・安全第一で！
・工期は厳守で！
・コストを抑えて！
現場責任者
現場作業員
・安全第一で！
・工期は厳守で！
・効率的作業を！
作業が終わらないので残業し会社に請求

なのに、たとえば「今のうちに片づけておきたいので」、もしくは「今のうちに片づけておいたほうがよいと判断した」という理由で残業されては、非常に疑義が残るといわざるを得ません。

残業をするかどうかの判断は職員だけが判断するものではない

勘違いしている人が多いのですが、残業は、必要があればしてもよいものではありません。

自分が必要と感じ、上司も必要性を認めたもののみ残業してもよいのです。

それはやはり、割増賃金が発生するわけですから、相手を思いやり、配慮する必要があります。

また、残業には、会社と職員、お互い

に「賃金の支払い」と「労働」という義務が発生するわけですから、その義務が発生する行為を一方的に判断し実行することは望ましくありません。

さらには、残業をするまでの過程において、最善の努力をした結果、やむを得ず発生する残業であるということを会社が理解できていなければ、評価には繋がらないといえます。

しかし、残業の必要性を会社がきちんと理解したときは、会社は必ず感謝し評価を上げると思います。

残業を評価してもらえる場合

このことから、残業をして評価してもらえる場合とは、自分の中で必要な残業だったのかどうかという問題ではなく、会社が必要と感じた残業を快く引き受けたのかどうかということになってきます。

また、見えない、もしくは報告まではしてないが、会社のために残業のようなものをしていることがあることも考えられます。

しかし、見えない、もしくは報告まではしていないが、会社のためにはならない非効率な動きも実際には存在しているはずです。

タバコを吸いに行ったり、トイレに行ったり、外回りの途中でお茶をしたり、友人との電話であったりなど、そういった部分も存在していることも踏まえなければなりません。

よくない残業の事例

よくない残業の事例として、「自分でできます、1人で何とかします」と発言して結局、「間に合わなかったのですが、自分で残業して頑張ります」というパターンです。

これは、ただ無駄にあなたの残業代が発生しているだけです。

正しいパターンとしては、

「このままだと、これくらいの量があるので、時間内に終われない可能性があります。なので、応援をお願いしたいのです」

などと上司に報告し、指示を受ける必要があります。

上司は、残業をさせてまであなたにやってもらうのか、他に余裕のありそうな人がいるので、そちらに応援を要請し、時間内に終わらせるのかを判断します。

これにより、上司は、無駄な人件費を費やすことなく、適正に運営上の判断をすることができるのです。

そうではなく、厳しい状況であるにも関わらず、

「1人で頑張ります」

などというのは、自己満足の世界であり、独りよがりといわざるを得ません。

それをもって、残業代が発生した際に上司から注意されて不満に思うなどということは、言語道断であるといわざるを得ないのです。

第4章　会社はあなたに何を求めているのか

キモ8 会社はあなたに何を求めているのか理解しよう

これだけのことをしているのに

評価をされないと感じている人にセットとなってついてくるものが、

「これだけのことをしているのに」

という言葉です。そういった人が努力していないとは思わないですし、それだけのことをしているのだと思います。しかしながら、それでは、評価されません。

たとえば、恋愛において物事を考えると、相手にこちらを向いてほしいと思ったときにどうするでしょうか。

「自分はモテるから、相手から寄ってくるので、そんなことを考えたことがない」

という人にはわかりにくい説明で申し訳ないですが、まずは、相手の好きな音楽、趣味、住んでいる場所など相手のことが知りたくなるはずです。

その中において自分に合うのか、さらには、どのように会話のきっかけをつくろうか、などを考えると思います。

そして、相手に好意を持ってほしいし、相手の好きな音楽とはどんなものなのか知りたいので、その音楽を聴いてみたりするのではないでしょうか。

つまり、相手を理解しようとします。相手の立場に立って物事を見ようとします。

これは、何も恋愛に限らず、親友との間でも同じことがいえると思います。

親友が薦めるなら「その本を一度読んでみようかな」といった発想です。つまり、相手を受け入れます。

しかし、会社に対しては、多くの人が変貌を遂げます。

急に受け入れることを拒絶し、「これだけのことをしているのだから評価してほしい」と、ひたすら自分を評価することを求めるようになるのです。

【図表18　会社が望んでいること】

①　会社は技術を向上させることを望んでいる
②　結果を出すことを望んでいる
③　周囲と仲よくやることを望んでいる
④　上司の指示に「はい」と答え、あまり口答えをしないことを望んでいる
⑤　上司と飲みに行き社内の交流を図ることを望んでいる
⑥　多少のサービス残業は受け入れることを望んでいる
⑦　ミスをなるべくしないように望んでいる
⑧　顧客を喜ばせることを望んでいる

会社に評価を求めすぎた例

なぜ、人は会社に対して、恋愛のように相手を理解しようとしないのでしょうか。

今、会社はあなたに何

をしてほしいと感じているのかを踏まえた上で行動しないのでしょうか。

図表18にそぐわないようなことを勝手に決めつけていないでしょうか。

会社の求めるものは変わる

会社は人の集団です。そのことから、成長や衰退を繰り返し変化し続け、求めるものも変わります。その都度要求も変わり「あなたに求めるものも変わる」のです。

ただ、売上を上げて結果を出せばよいわけではなく、ただ上司と上手いことやっていればよいわけでもありません。

実際にあった看護師の例

ある高齢者施設には優秀な看護職員がいないため、他の施設からヘッドハンティングして入社してもらうことになりました。

その看護師は、非常に優秀で施設の利用者からの評判もすごくよかったのです。

また、他の看護師もうまくまとめ、すばらしい能力を発揮していました。

看護師の変化

しかし、あるとき「看護師たちには問題はないが、周りの介護スタッフの能力が低いので、最高のサービスが提供できない」と会社に相談してきました。

それに対し、会社は介護スタッフに研修を受講させるなどの対策を打ち、問題点を洗い出して改善を試みました。

その次に、その看護師は、看護師全員の給与体系において、夜間対応分の賃金の額をもっと上げるべきだと主張してきました。

そしてその看護師から会社に対して多くの要求が出てくるようになり、最後には、「施設長を変えるべきだ」「会社の方針が悪い」などと訴えるようになってきました。

そして、会社と方向性が合わないということで、自ら決断し退職していってしまいました。

この看護師の問題点

この看護師の重要な問題点は、会社を理解しようとしていないことにあります。よい看護をするために全力を注ぎ、それを評価してもらいたいと強く願っていましたが、それが叶わず退職しました。

会社から見れば、看護師に対して求めたものはＳＴＡＹです。

つまり、現状維持をして他の職員の能力の向上を待ってほしかったということです。

会社の要求の変化

すばらしいサービスの追究は一時停止して、他の職員の指導をしてほしかったということです。

つまり、会社の要求は、「質の高い看護サービスの提供」から「質の向上したサービスをより多くの職員が提供できるようにすること」に変化し、その看護師への要求も変化しました。その看護師は、会社を理解していなかったため、また、自己の満足のため、必要以上に質を追求し、会社からＳＴＡＹの指示が出ても聞き入れなくなってしまっていたのです。

このことからも、優秀な人材であっても、会社を理解していない人は評価されにくいといわざるを得ません。

会社が評価した例

評価された事例でいうならば、さきほどの高齢者施設で採用した、経験は浅いが、やる気はあるといった介護スタッフの例があります。

入社当初から、経験が浅いということもあり、先輩スタッフたちの指示や指導を素直に聞き入れていました。

そんな中で評価が上がる決定的な出来事が起こりました。

その出来事の数か月前、社内セミナーにおいてコミュニケーションについての重要性の研修を開催しました。

それは、当時、情報の伝達ミスのトラブルが相次ぎ、それを改善する目的で実施されました。

多くのスタッフは、聞いているような、聞いていないようなどちらとも取れない雰囲気でしたが、セミナー後のアンケートではそれなりの理解ができているような回答を示していました。

そして、その翌日はそれなりに、皆が情報の伝達ミスを意識していることから、改善が見受けられました。

会社の意思を理解してくれる職員

それから数か月後のことです。

その介護スタッフは、その月の目標として、コミュニケーションの伝達についての張り紙をしていたのです。

そのわけを聞くと、セミナーの内容を聞いて、重要性を感じたので張り出したとのことです。

また、皆で話し合って、毎朝、その張り紙を呼称してから職務をスタートさせることを決め実行しているというのです。しかも、その張り紙は、上司が気づかないかもしれない場所に張り付けてあり、それをたまたま私が発見したのです。

建前ではなく、本気で取り組む姿勢が見受けられました。

たったそれだけのことと思うかもしれませんが、そういった人に会社は、会社の意思を理解してもらえた喜びと、その人の今後の成長を期待することができ、かつ、信頼関係を構築することに期待が持てるのです。

このことが評価を上げる大きな要因となったのです。

キモ9　会社を自分の一番重要な顧客だと考えよう

会社をどのようにすれば理解できるか

会社をどのようにすれば理解できるのでしょうか。

恋人だと思い興味を持てばよいのでしょうが、好き嫌いまではコントロールできないのです。

このことから、自分が個人事業主になったつもりで、勤務している会社を顧客だと思えばよいのです。

なぜ、そうする必要があるのかといえば、会社に対して評価してほしいと思わないためです。

「顧客」は、会社の職員のサービスや職員の話を聞いて会社の商品を購入します。職員の質によって金銭を支払う価値があるかどうかを判断する場合が多いのです。

では、「会社」はどうでしょうか。

会社も職員の労働や営業というものの対価として賃金を支払っているのではないでしょうか。

会社に評価を求めない

それなのになぜ、会社には評価を求め、顧客には一生懸命サービスを提供するのでしょうか。

たとえば、顧客との会話で、「白色」にするか「黒色」にするかの話になったときに、あなたが「白色」を薦めたにも関わらず顧客が「黒色」だと判断した場合はどうでしょうか。

あなたは、「黒色」で全力を尽くし、顧客を満足させることを考えるのではないでしょうか。

それが、会社になると話が変わります。あなたが「白色」で進めたいと考えて会社に決裁を求め、それでも会社が「黒色」で進めるように指示した場合、それは不満となり、「なぜわからないのだ」と感じることがあるのではないでしょうか。

会社を顧客だと捉える

そこで、「会社」を「顧客」だと捉え、快く「黒色」で進めるべきです。

そうすることによって、会社から見れば、理解の早い、よくできた職員に映ります。

逆の立場になって考えてみると、自分に部下から「白色」か「黒色」の決済が回ってきたときに、自分が「黒色」だと判断して、それを不満そうに部下が働くといい気がしないと思います。

イメージを持って取り組む

イメージとしては、図表19のとおりです。

【図表19　イメージを持って取り組む】

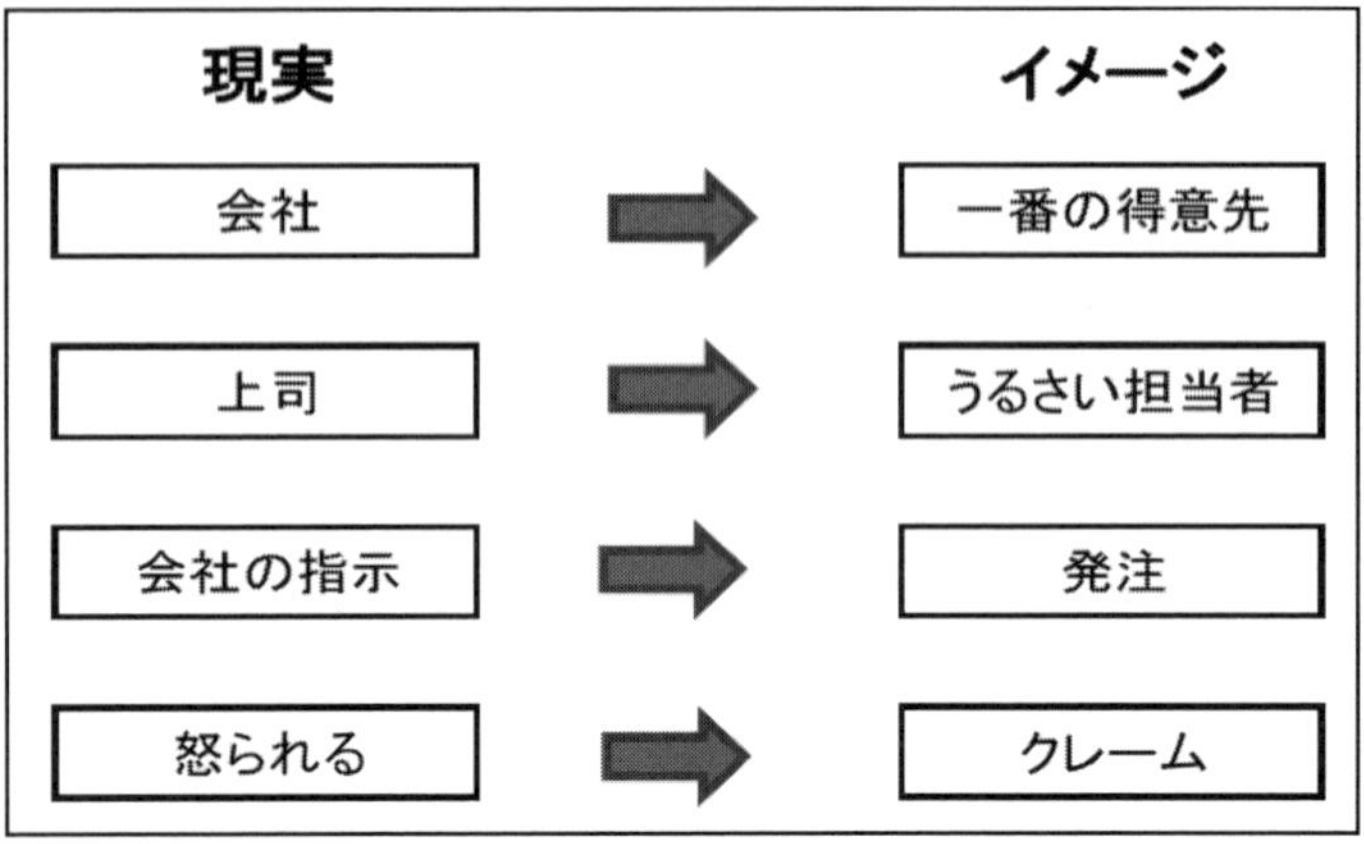

会社……一番の得意先
上司……口うるさい担当者
指示……発注
怒られる……クレーム

となります。こう捉えるとかなりやりやすいと思います。

たとえば、上司の指示でも、細かいことだと忘れる人が多いものです。しかし、顧客の注文と捉えれば忘れるわけにはいきません。

また、上司に怒られたとしても、顧客のクレームだと捉えれば「何とかご理解ください。以後はこのようなことがないようにいたします」と素直に謝ることができますし、腹も立ちません。

そして、担当者、つまり上司に、あなたのところの商品が一番素晴らしい。あなたのところで、これから商品を買い続けます、と言わせてみましょう。

つまり、重要な仕事はあなたに任せようと言わせてみましょう。

意外な面接の結果

実際に面接の場面においても次のようなことがよくあります。

私は、企業の採用面接に面接担当者として立ち会う場面が多々ありますが、このときに私がする質問の中に、「あなたの将来像は」というものがあります。これに対する答えで、「3年後には自分で事業を立ち上げて、5年後には成功していたいです」といったような、独立するという回答がたまにあります。

普通の応募者であれば「ずっとここで働いていて顧客から喜ばれる存在になっていたいです」などといった答えが一般的ですが、あえて3年後には辞めることを示唆するのです。

しかし、意外とそういった人の採用率は高いです。

個人事業主としての意識を持ち働く

なぜなら、3年間は多くのことを吸収し、頑張ろうとしてくれるのではないかという期待と、正直に物事を伝える誠実さ、さらには、それを言い切れるだけの自信を感じるからです。

もちろん、言動に対する配慮のなさや、育成投資してもやめるかもしれないリスクなどは考慮されますが、採用率は意外と高いです。

このことからも、個人事業主の意識を持って働き、会社を自分の一番の顧客だと捉えることは重要であるといえます。

【図表20　会社が望む行為】

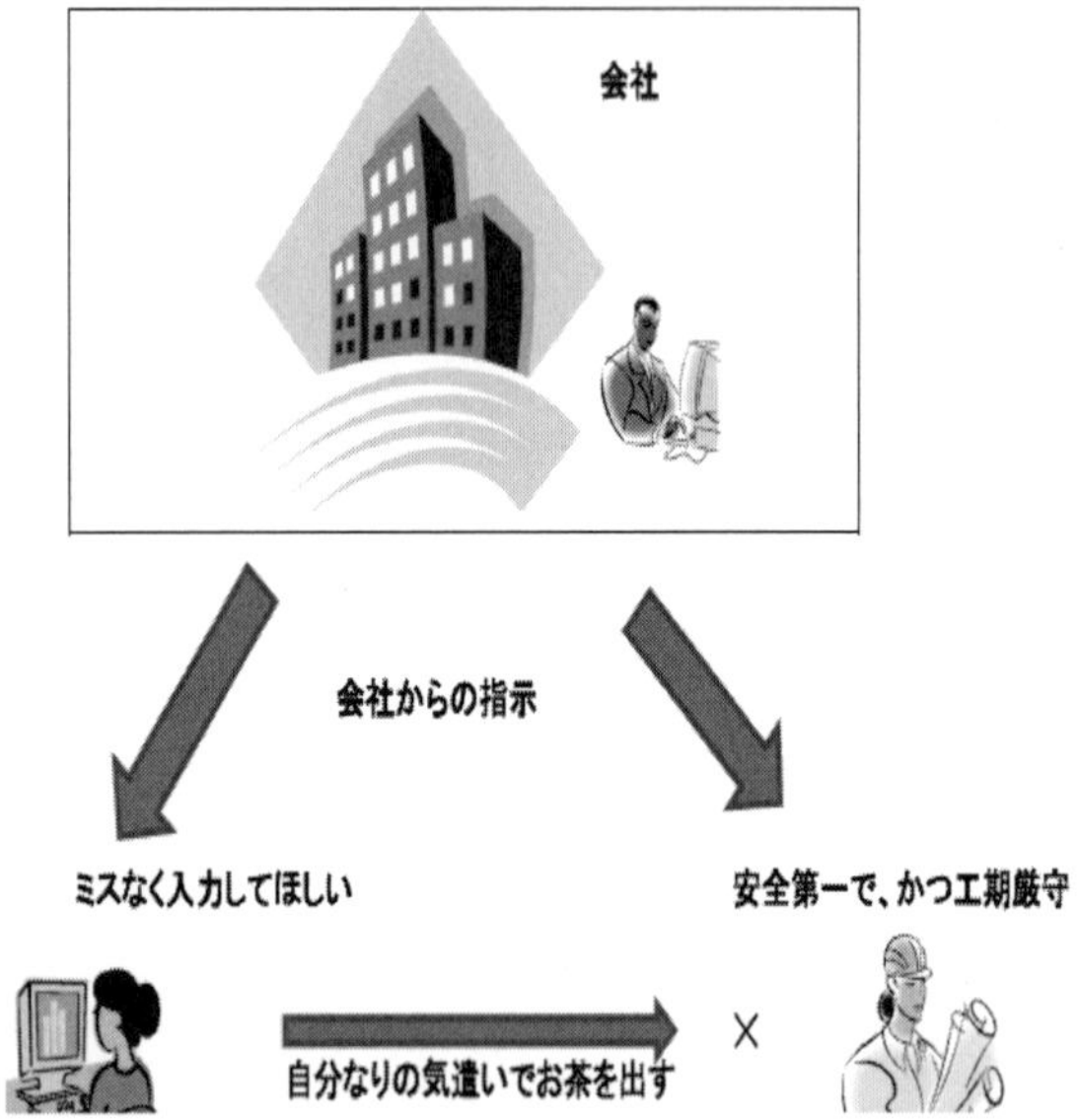
会社
会社からの指示
ミスなく入力してほしい
安全第一で、かつ工期厳守
自分なりの気遣いでお茶を出す
×

キモ10　気遣いの部分をあまり評価されない理由

よく気の利く職員

よく気の利く職員がいたとします。

たとえば、一般事務でいうならば、外回りで汗をかきながら帰社した営業社員に、そっとお茶を出してくれるような、そんな気遣いができる職員です。

しかし残念ながら、そういった職員の行動は評価されないことが多いのです。

私は、会社と職員の関係を恋愛にたとえることが多いのですが、大手の採用面接でもよく「採用面接はお見合いみたいなものだから」といいます。

そうであれば、会社で働くということは、恋愛中、もしくは結婚生活みたいなものであると私は捉えています。

それであれば、気を利かして、お茶をそっと出してくれることに感謝をしてもよいのではないかということになります。

たしかに、お茶を出してもらった人は感謝をすると思います。

しかし、会社は評価をしません。

評価は、あくまでも、「評価する人が望んでいることを達成したとき」になされるものだからです。

厳しい言い方になるかもしれませんが、営業社員にお茶を出すという行為は
「自分が気に入られるための行為」

「職場を和ませる行為」

であり、会社が直接的に望む行為ではない場合が多いのです。

「好印象」は「ミス」を補えない

もちろん、気に入られるために一生懸命やることは悪いことではないですし、好印象です。

しかし、だからといってコピーを失敗したりしていては意味がありません。

感覚的には、気を利かせた行動分のプラス1とコピーの失敗分のマイナス1でプラスマイナスゼロのように感じるかもしれませんが、実際には、気を利かせた行動分のゼロと、コピーの失敗分のマイナス1で、評価としてはマイナス1です。

そんなことよりも、会社が望んでいるものは何なのかを理解し、行動すべきです。

たとえば、「一般事務」とはいえ、会社が「営業事務」の人員が不足していると感じていると理解したのであれば、在庫確認や、営業資料の作成補助を覚えるなどの努力が必要です。

そういった、自分なりに思いついたことではなく、相手が何を望んでいるのかを考え、理解して

行動した者に評価は付いてくるといえます。

キモ11　自分で考える人を目指す

会社が望む人物像

会社が望む人物像に共通するものがあります。

「安心して任せることのできる人」です。

現実問題として、コピーやファイリングだけでも、安心して任せられる人は少ないものです。

また、書類作成において、５枚を超える書類の作成ともなれば、ミスなく１回で作成できる人はなかなかいません。

その中で、この人ならコピーやファイリングを安心して任せることができると思ってもらえたら、それだけでも好評価に繋がるといえます。

簡易作業でも考えイメージしながら働く

重要なのは、ただ単にコピーやファイルングをするのではなく、集中し、理解してやる必要があ

【図表21　イメージしながら働く】

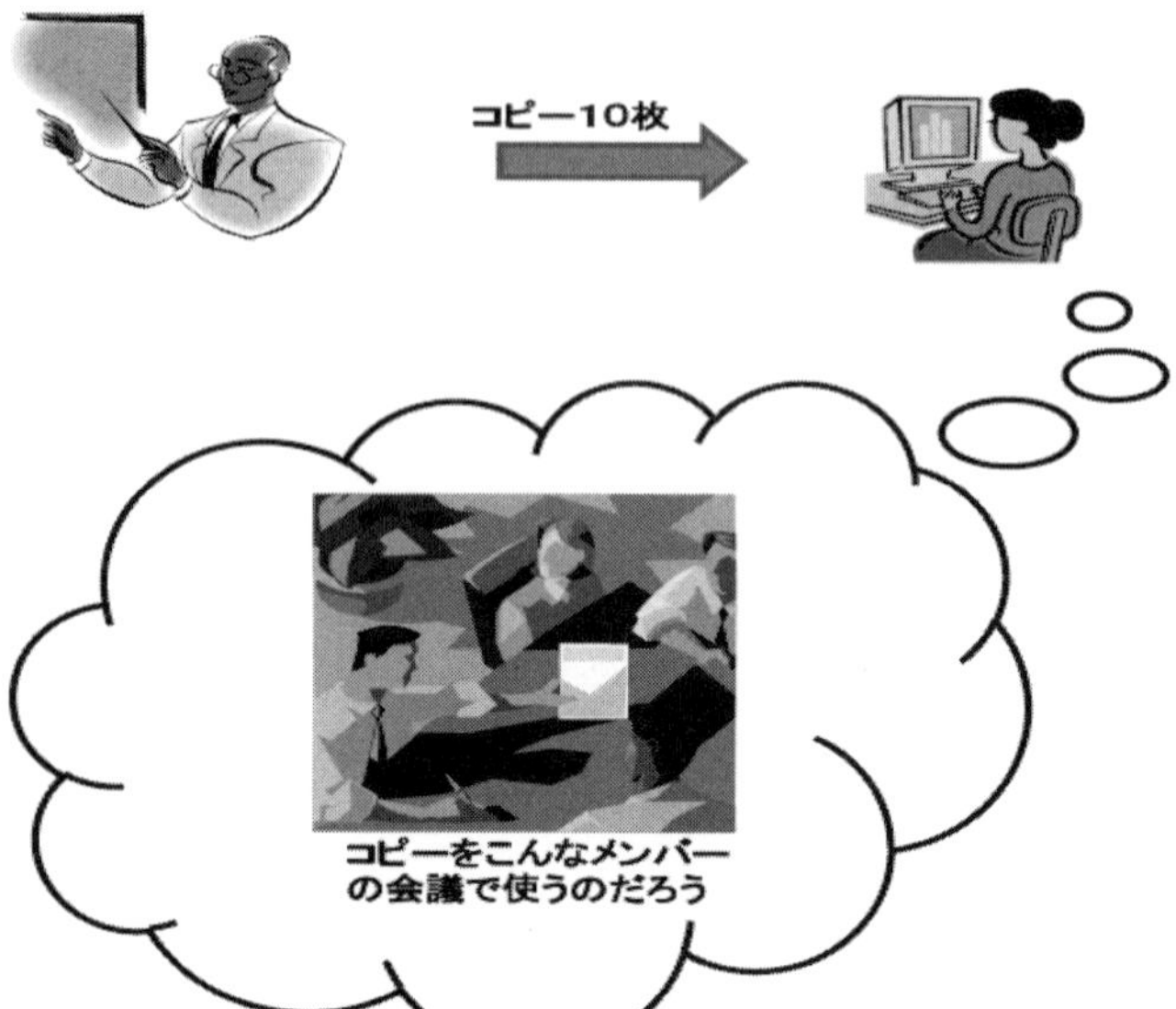
コピー10枚
コピーをこんなメンバーの会議で使うのだろう

るということです。

つまり、コピーにしても、「会議用なので、10部、あと、予備で1部なので11部必要」ということを理解してコピーするのか、それとも「何も考えずにただ単に11部をコピーするだけ」なのかということです。

その違いは、数日後にはっきりと現れます。

コピーの依頼者が、

「あのコピー何部お願いしたか覚えているかな」

と質問したときに、その業務を意識し理解している人は即座に

「11部です」

と答えられます。それは、会議用に10部と予備で1部というイメージが残っ

ているからです。

しかし、あまり考えず、理解していない人は記憶に留まらないため、思い出せません。

ファイリングにおいても同じです。

考えた人は、やはり違う

ただ無意識にファイリングしていては、「任せることができる人」にはなれません。

書類の内容をなるべく理解しようとし、考えることが大切です。たとえば、

「3日前にお願いしてファイリングしてもらった、A社の見積書に黄色の用紙が混ざってなかったかな」

と質問をされたときに、何も考えずに業務をこなしている人は、「覚えていません」と答えるでしょう。

しかし、ちゃんと考えてファイリングしている人は、なぜ、今回は黄色の用紙が混ざっているのだろう、と考えながら処理をします。

そうした人の答えは、

「混ざっていましたよ。気になったので、念のために、わかるように印をつけておきました」

ここで初めて、あなたは評価されます。

また、「任せることのできる人」となります。

仕事以外でも同じ

先日テレビ番組を見ていると、東大生を多く輩出しているという、有名塾講師たちがクイズ番組に出演していました。

そこで、塾の特徴として、生徒が質問してきても、まずは、自分で考えなさいと教えると言っていました。

そして、その理由が、自分で考えずに、その問題の考え方を教えてあげると、その場ではできるようになった気になりますが、試験本番などにおいて、少し角度が変わった問題が出題されたときには、結局答えることができないというものでした。

【図表22　質問の角度によって見方や答え方が変わる】

《 真実は1つであったとしても、質問の角度によって見え方や答え方が変わる 》

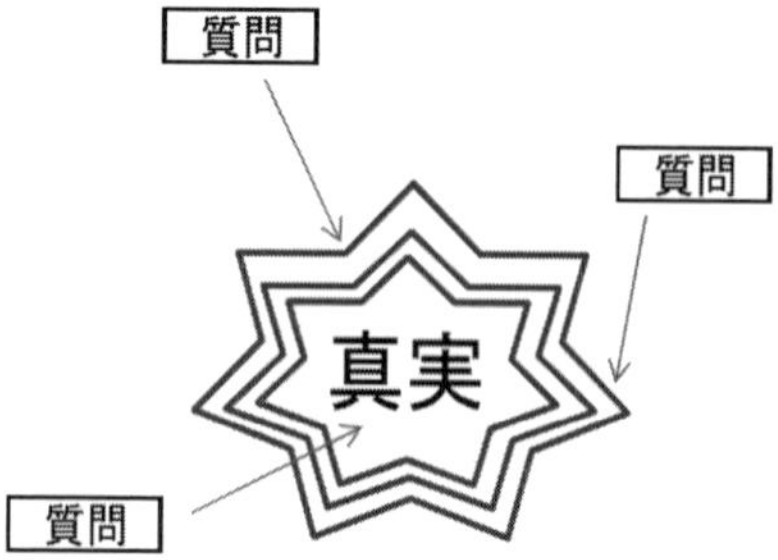

私もまったく同感です。

自分で考え、その考え方を理解した人は、角度や場面を変えても理解できます。

しかし、それができずに、いつも相手に説明を求める人は、結局、同じようなことを再度質問してきます。

あなたはこれを聞いて、いつからこの考え方を取り入れますか。「今でしょ！」

第5章　上司との接し方

■上司と上手くいかないことについて
《結論》上司と上手くいかないのではなく、自分が上司に合わすことができないのである。

キモ12 理不尽で怒りやすい上司への接し方

理不尽に怒りやすいタイプ

理不尽で怒りやすい上司は、どこの職場にも存在するものです。
しかし、そういった上司を嫌っていては、なかなか難しい場面もあります。
理不尽に怒りやすいタイプにも3つくらいあります。

① キャパが小さく、すぐにテンパってしまう人
② 基本的に怒りやすい性格の人
③ 指示がわかりにくく、せっかちで怒りやすい人

この中でも①や②はわかりやすいので問題ないですが、③がやっかいです。

なぜなら、いつ怒るのか、なぜ怒っているのかがわかりにくいからです。

攻めの姿勢の上司

そういった人と上手く付き合うにはコツがあります。

そういった人にはある共通の特徴があるのですが、それは、守る姿勢ではなく攻める姿勢であることです。

つまり、会話の中でも「なぜそんなことをしたのだ」などと部下が押される場面が多いと思うのですが、そういった人に対して苦手意識のある人は、「萎縮」してしまうのです。

なるべく接点を持たないでおこうとしてしまうのです。

そして部下は、自分を萎縮させている相手が悪いと決めつけてしまいます。

その時点で、職場が嫌になり、「嫌な人がいるから」会社を辞めたいと考えるようになります。

しかし、「嫌な人がいるから」会社を辞めていては、きりがありません。

経営者や上司があなたの好きな人ばかりの可能性のほうが極めて低いからです。

逆に押してやる

萎縮するということが逆効果なのです。

こういったタイプには、逆に押し返すことが重要です。

【図表 23　自分から発信する】

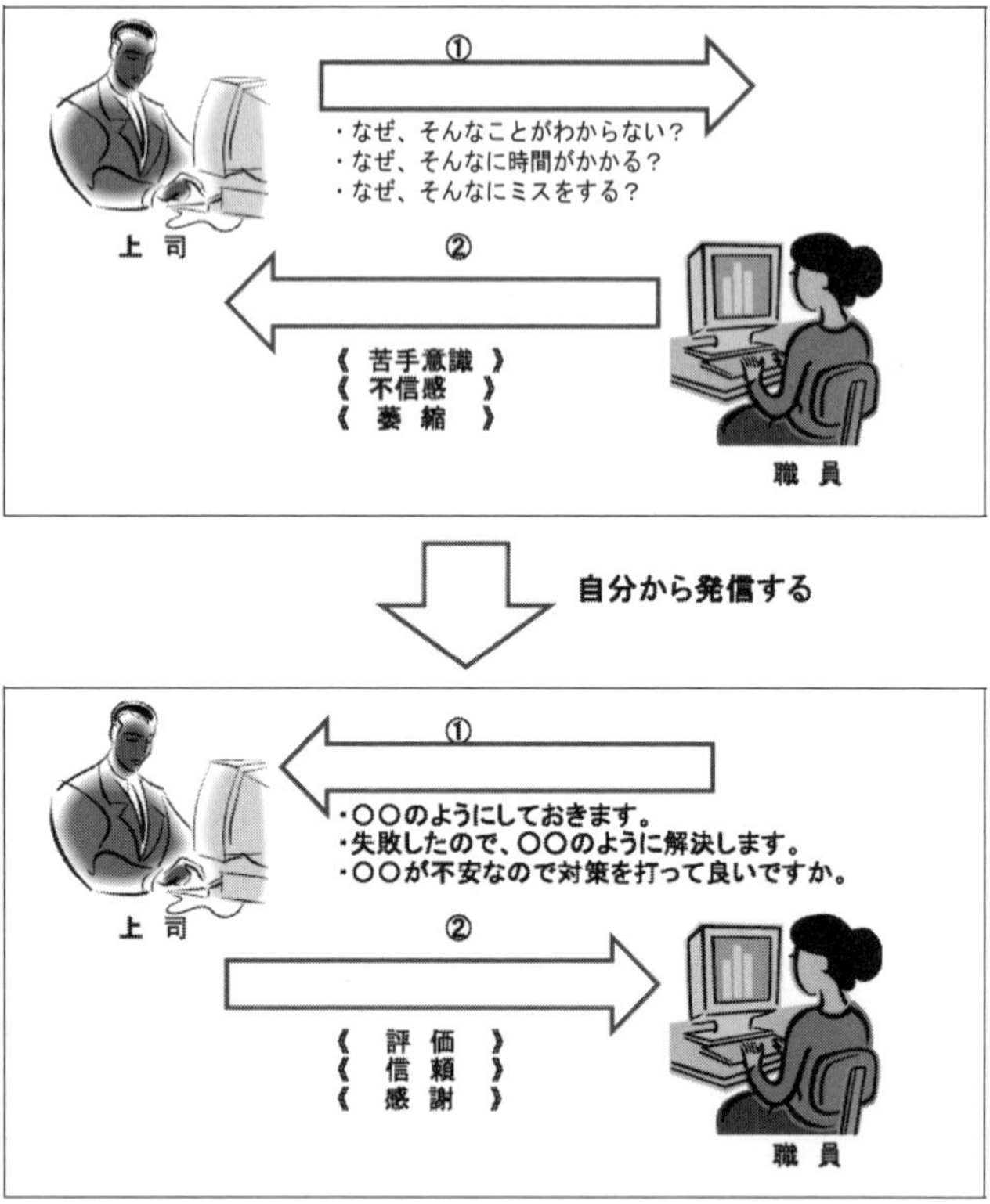
①
・なぜ、そんなことがわからない？
・なぜ、そんなに時間がかかる？
・なぜ、そんなにミスをする？
上　司
②
《 苦手意識 》
《 不信感 》
《 萎 縮 》
職　員
自分から発信する
①
・〇〇のようにしておきます。
・失敗したので、〇〇のように解決します。
・〇〇が不安なので対策を打って良いですか。
上　司
②
《 評 価 》
《 信 頼 》
《 感 謝 》
職　員

つまり、どういうことなのかというと、こういったタイプの人は情報に飢えているのです。

イメージと現実が異なっているため、その情報の差異を埋めたくて仕方がないのです。

そんなときに「あれはどうなってる」と聞かれ、曖昧な答えなどをすると怒られてしまうのです。ここを理解して、言われる前にいう。怖いけど、あまり気が進まないけどいう。

そうすることによって、劇的に態度が変わってくると思います。

【図表 24　仕事を取ろう】

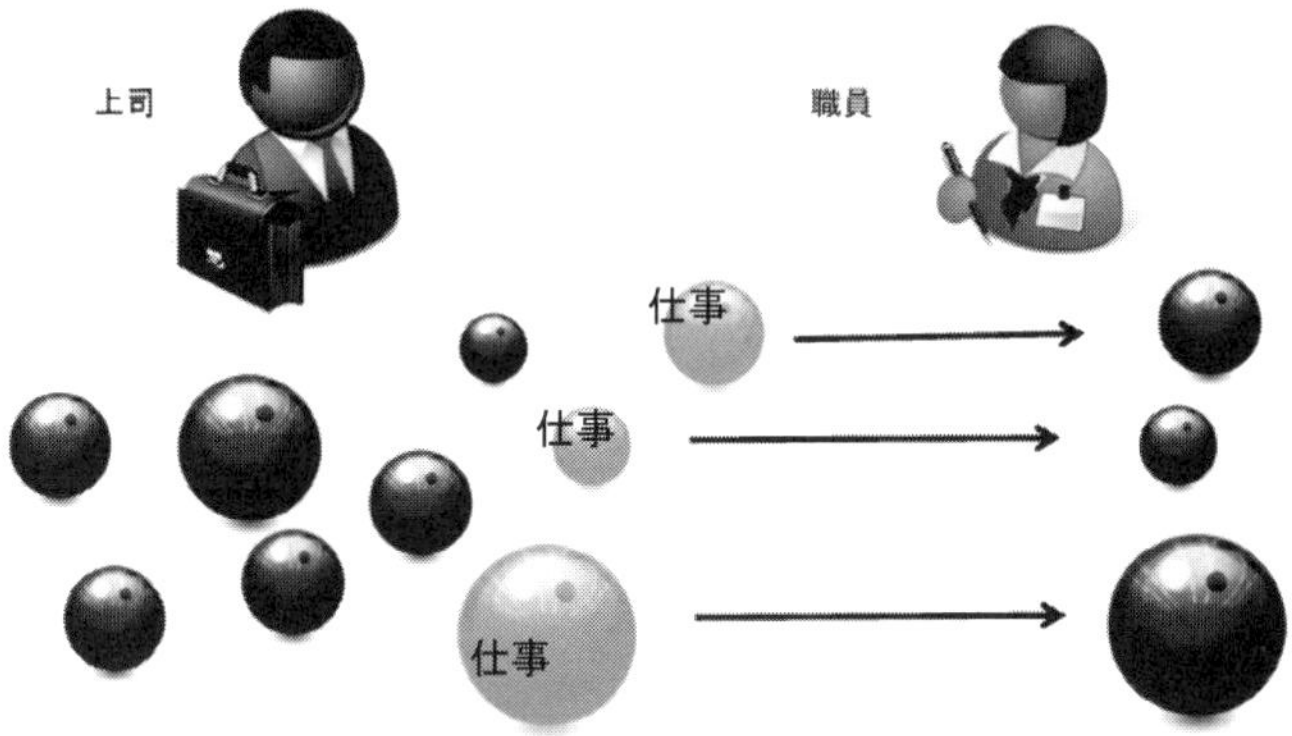

頭がパンパン

こういった上司のもう一つの特徴が、いつも、バタバタしています。

なぜ、バタバタしているのかといえば、それは、より多くの仕事をより短時間でこなそうと目一杯の状態だからです。

なので、よく物事を忘れてしまいます。多くの仕事を抱え過ぎて処理しきれていないのです。

上司から仕事を取ろう

ここで重要なのが、職員としてどうするかなのです。

「バタバタしてわけがわからん」

と嫌うのか、

「多くのものを一人で抱えているのなら、その一部を引き受けてあげよう」

と考えるか、なのです。

ここで、職員が引く姿勢を取ると、その上司は頭の中にあるパンパンの情報を処理できずにのたうちまわります。

ここで、もし、あなたが、それを自ら攻めの姿勢で、

「やらせてください」

と言えばどれだけ喜び頼りにしてくれることでしょう。

不思議ですが、そうして信頼されると、あまり怒られなくなります。驚くほどに上司の態度は変化すると思います。

しかし、いろいろ無茶な仕事を頼まれます。

どっちがいいかの判断は別かれるところでしょうが、本書の本題からすれば、ぜひ、大変ではありますが、引き受けて喜ばせてあげてほしいところです。

キモ13 上司と部下に挟まれてツライのは自分に問題があるから

会社の命令をそのまま遂行すれば現場が崩壊する

中間管理職とは、「会社」と「現場」の間に立ち、会社の指示を現場に落とし込み、浸透させ、経営者に報告するという立場ですが、中間管理職が上司と部下の間に挟まれてツライというのは、

そもそも発想がおかしいといわざるを得ません。

たしかに、会社内でも一番のキーマンでありますし、何よりも大変なポジションです。

しかし、ここで多くの勘違いがあるのが、中間管理職の方の多くが、経営方針や会社の命令と現場の職員の思いが大きく開き、会社の命令をそのまま遂行すれば、現場が崩壊するという恐怖を抱き悩むことです。

中間管理職が現場に入り込んではいけない

重要なのは、中間管理職が会社の指示や方針を受け入れなかった場合、会社として成り立たなくなります。

それを受け入れない中間管理職は会社から見れば非常に悪質に映ります。

また、経営者は、各個人の感情ではなく、会社として正しい道を選択することを望みますが、現場の職員はその現場のみをよくするために感情論で物事を運びます。

感情論で話をすると、「友情」「助け合い」「仲間意識」「連携」「信頼」「協力」のようなものが生まれます。

これは、「現場」には必要なことなのでまったく問題がありません。

しかし、中間管理職がこの中に入り込むと、そこから抜け出せなくなり、会社の指示に従えなくなります。ここで、「間に挟まれる」という現象が発生するわけです。

「間に挟まれる」と思うことは甘え

つまり、「間に挟まれる」と感じている時点で、「会社」と「現場」の間に立ち、会社の指示を現

【図表25　間に挟まれるのは甘え】

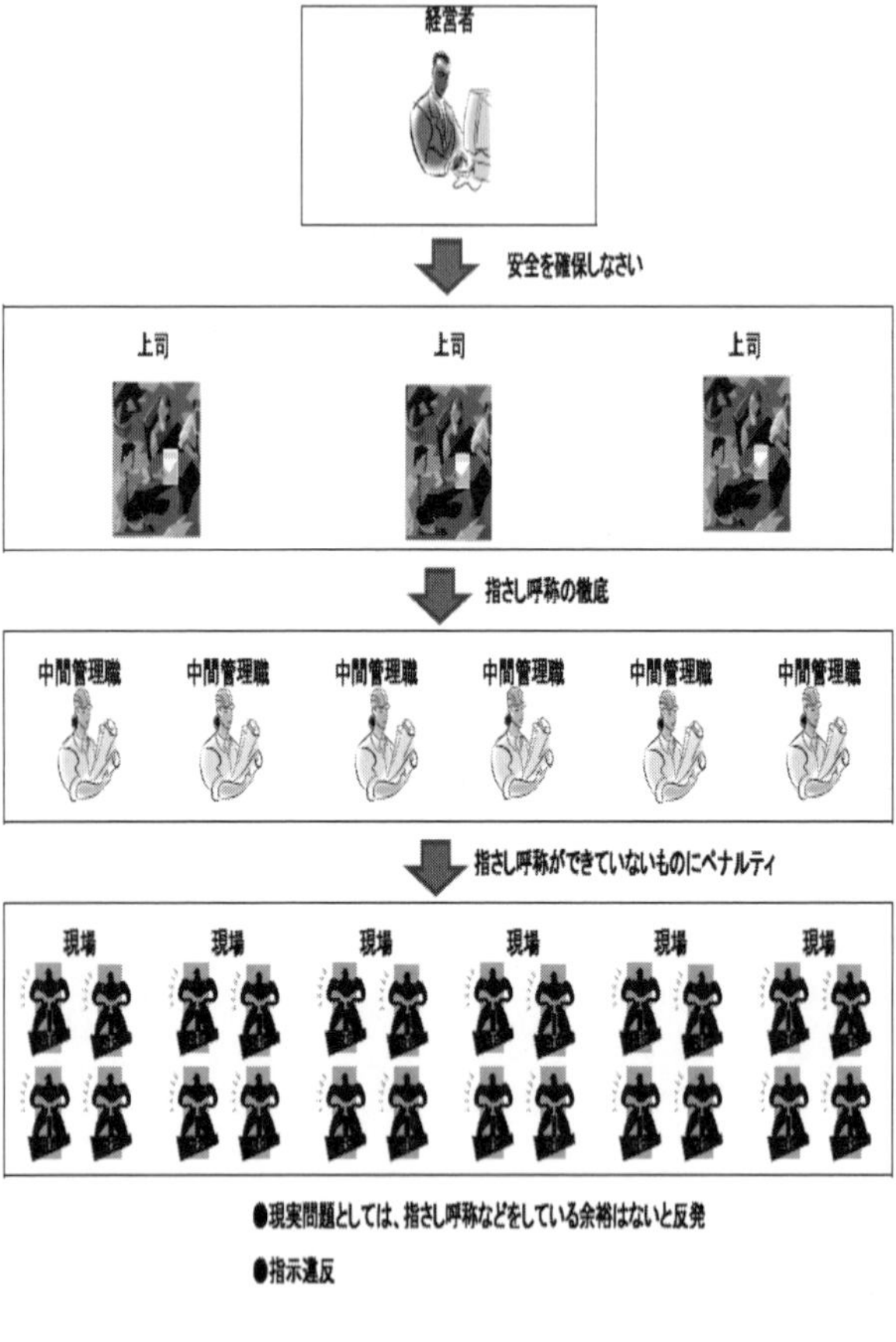

経営者
安全を確保しなさい
上司
上司
上司
指さし呼称の徹底
中間管理職
中間管理職
中間管理職
中間管理職
中間管理職
中間管理職
指さし呼称ができていないものにペナルティ
現場
現場
現場
現場
現場
現場
●現実問題としては、指さし呼称などをしている余裕はないと反発
●指示違反

場に落とし込み、浸透させ、経営者に報告するという立場を忘れ、「現場」の「友情」「助け合い」「仲間意識」「連携」「信頼」「協力」の輪の中に入り込んでしまっています。

その時点で職務を全うできていません。これは「甘え」といわざるを得ません。

なぜなら、「現場」の「友情」「助け合い」「仲間意識」「連携」「信頼」「協力」のほうが楽しいからです。

また、人として正しいあり方だと思えるからです。その欲望に甘えています。

経営者も楽しく、仲良くやって経営が上手いくならみんなそうしますが、経営には、また、職員への平等には論理性や合理性を追求していかなければならない部分が多く、それを理解できていない中間管理職が悩んでいたとしても、会社はその中間管理職のことを救わないでしょう。

また、「現場」も、仲間でありながら、会社の指示を持ち出す人に心を打ち明けません。

そうなると居場所がなくなるわけです。

中間管理職の本来の役割

ここで重要なのは、中間管理職は、会社の指示を現場に的確に浸透させ、その必要性を誠意をもって伝え、それが浸透し、改善したときにその喜びを現場と分かち合い、その状況を経営者に報告することです。「間に挟まれている」と感じている人はこの努力が足りないのです。

仮に、これをやりきったならば、現場からは尊敬され、会社からは信頼されるでしょう。

会社はそういう人材を欲しているのです。

現場から役職があがった場合の留意点

とはいっても、現場から管理職に抜擢されるケースもよくあります。

その場合、昨日まで仲良く一緒に働いていたのに、急に手の平を返したような態度を取ることは難しいと思います。

そこでお勧めするのが、「宣言」です。

今まで、一緒に働いていたメンバーと一緒に飲みにでも行き、その場で、自分の役職は経営者の意思を現場に伝えることであること、そして、現場に理解してもらえるように、精一杯説明することなどを宣言すればいいのです。

心から伝えれば理解を得ることができると思います。

キモ14 能力の低い上司との接し方

切り抜ける方法を身に付ける必要

残念ながら、能力に欠ける上司の下へ配属になることもあります。

上司として、組織をまとめることができず、部下としては、不満も積もるでしょうが、そこを「部下」という立場で切り抜ける方法を身に付ける必要があります。

自己保身が強く決断できない上司

能力に欠ける上司でとくに多いのは、自分の責任にはなってほしくないので、決断ができない上司です。何事においても、即答せず、「なるほど、考えさせて」として、保留にし、いくら待っても決断を下さないという上司です。

上司の身を守ってあげる

こういった上司の特徴は、

「自分が間違った決断をしたくない」

「自分の口から嫌われるようなことを言いたくない」

といった、自己保身の発想から決断ができないのです。


稀に、何も思いつかないという上司もいるみたいですが、それはさて置き、自己保身をしているのであれば、部下として上司にしてあげることは、

「上司の身を守ってあげる」

ことです。

つまり、

「私の責任でやらせてください」

「こういう段取りでやればあなたに迷惑をかけることはない」

などの説明が付け加わると、決断をするようになるのではないでしょうか。

働く意欲の低い上司

そもそも働く意欲が低い上司も多く存在します。

そういった上司には、もっと働け、と押し付けるのではなく、どんどん職員のほうから仕事を取っていきましょう。

上司が決断すべきことでも、

「こう判断すべきだと思います」

と、部下のほうからどんどん進めていくべきです。

たいして努力もしていないのに、その上司が評価されるのも納得がいかない部分があるかもしれませんが、その分、本来は担当することのできないくらい重要な仕事を担当する機会が増えるわけですから、逆に感謝してもよいのではないでしょうか。

根本的に知識不足な上司

根本的に上司の知識が不足している場合があります。

その場合、上司の知識が不足しているということを責めることはやめたほうがよいでしょう。なぜなら、上司の知識が不足しているのであれば部下がそれを補えばよいだけだからです。

また、上司に知識がないので指示が不適切だと思うのであれば、部下が情報を提供し、フォローすべきです。

知識のない上司を責めない

知識のない上司の指示は聞きたくないという発言をよく耳にしますが、まったくの検討違いといわざるを得ません。

なぜなら、上司の立場は、部下に指示を出すことであり、その指示が不適切であっても、それに従わないという態度はもっと不適切だからです。

「不適切な指示」より「指示に従わない」というほうが問題

たとえば、給食会社において、入社時に感染症の検査を受け、問題ない者のみを入社させると決め、人事担当者に必ず1日しか勤務しないパートも含め、すべての職員の感染症の診断結果を確認後勤務させるようにと経営者から指示が出されたとします。

その指示に対し、人事担当者は、

「現場の知識がなさすぎる」

「現実的ではない」
「こんなことをしていたら欠員補充が間に合わない」
「コストカットをしろというのに検査費用がかかり、指示が矛盾している」
として、指示に従わなかったとします。

ここで、想定できる問題は、

1つ目に、営業担当者が経営者から、その指示内容を聞き営業活動をした場合、営業先に
「当社はすべての職員に入社前に感染症の検査を受けさせておりますのでご安心ください」
と伝えています。

しかしながら、給食提供先の職員と現場の給食会社職員が話をした際に、
「そんな検査は受けていない」
などと答えると、契約違反であったり、虚偽をして営業活動をしたことになる可能性があります。

2つ目は、何よりも、現実的に感染症の発生元が給食会社の職員であった場合には、会社の存続自体が非常に危険な状態に陥ってしまいます。

このようなことからも、たとえ指示が現実的に厳しいものであっても、現場の知識がなさすぎるなどとして、指示に従わないというほうが明らかに問題となります。

指示を出す上司が現場の知識に乏しく、その指示に従うことが厳しいときは、きちんと上司と話をして、意識を統一化することが大切です。

第6章　自分を疑う能力

キモ15　まずは自分を疑う

上司が怒っているのは

上司から怒られて、納得できないことが日常においてよくあると思います。

たしかに、上司の指示が悪いかもしれないし、怒るようなことではないかもしれません。

しかし、上司は怒っているのです。

あなたに対して「不満」だと言っているのです。

まずは自分に非があると自覚する

ここで、多くの人がとりあえず、

「よくわからないけど謝る」

「謝らない」

などの態度に出ます。

重要なことは、まず、相手が怒っているわけですから、その時点でほんの僅かでも自分にも非があるということを理解して、「反省」することです。

　具体的には
「○○君、あの準備しておいてっていった資料、どこ?」

「いや、まだできていないです」

「まだできていないって、今日いるんだよ。なぜ、できていないんだ。あれだけ前から言っているのに、今すぐやりなさい」

　こう言われて、多くの人が不満に思うでしょう。

「今日いるとは聞いていない」

「実際には自分のやるべき仕事ではないはずだ」

などと考え、それが態度に出てしまいます。

　たとえば、

「……」黙る。

「はい、やっておきます」とだけ答える。

「今日だとは聞いていませんが」と反論する。

「そもそも私のやるべき仕事ではないと思います」

などと今更業務を否定する、などです。

　これは、非常に悪質です。

「反省」することで相手は期待する

上司からすると、まったくその人物から将来が見えません。

やはり、心から自分のどこが悪かったのかを考え、たとえば、

「あ、すいません、今日でしたか、今すぐやります」

と答えるべきです。

また、自分なりになぜ怒られたか、「反省」し、資料提出時などには、

「本当にすみませんでした。カレンダーなどを見れば、今日、この資料が必要なことくらいわかります。以後注意します」

こう伝えると上司からすると「この人なら、きっと成長するだろう」「次からは同じ失敗はしないだろう」と期待が持てます。

同じミスをしないというプライドを持つ

人それぞれプライドがありますので、怒られて、まずは自分が謝るということは、非常に窮屈な気がするかもしれません。

しかし、その「プライド」を上手く活用するべきです。

多くの人が同じミスを繰り返します。

同じミスをする人は自分が同じミスをしていると気づいていない場合が多いのです。

【図表 26　同じミスをしないというプライドを持つ】

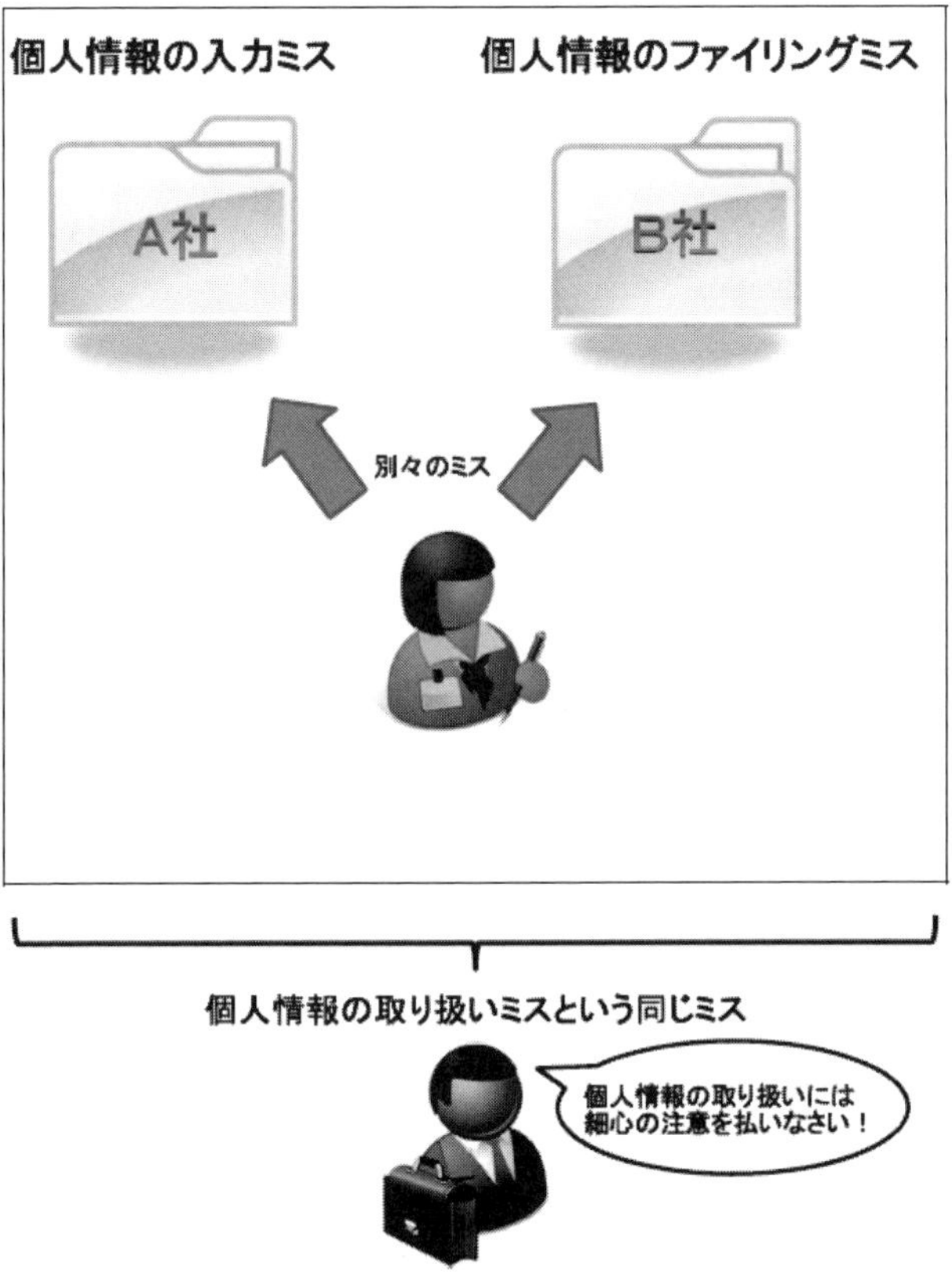
個人情報の入力ミス
個人情報のファイリングミス
A社
B社
別々のミス
個人情報の取り扱いミスという同じミス
個人情報の取り扱いには
細心の注意を払いなさい！

「A社の個人情報の入力でミス」をした人が「B社の個人情報のファイリングでミス」をした場合、本人は同じミスだと思わないとしても、上司からすると、「個人情報の管理」という共通事項からいえば、同じミスであり、これが同じミスと認識できなければ、上司はずっと注意し続けなければならないという思いになり、その人に対する信用は無に等しくなります。

そのことからも、「プライド」を活かし、自分は同じミスを絶対にしないという気持ちを持つことが大切です。また、同じミスをしていると注意されたならば、それを真摯に受け入れ、理解することが重要です。

キモ16 自分を商品だと思う

質を高める意識が必要

上司と接する際に、自分を商品だと考えることをお勧めします。

自分が商品だと思えば、品質の改善は必ず求められますし、本書にも出てくる「雇用される能力」というものを高める動機にもなるからです。

また、会社や上司は、あなたに対価を支払う代わりに、「質」を求めてくるわけですから、質を高める意識が必要です。

また、意識としては、上司にその商品を気に入ってもらえないと、継続した取引ができないわけです。これは雇用関係でも同じです。

商品価値を高めるには

心情的には、職員を人として扱うべきだなどという議論も発生することが想定されますが、これは経営者や上司側が考える問題であって、職員側が自分の待遇を良くするために考えるべき問題ではありません。

商品価値を高めるためには、いわゆる「雇用される能力」というものを高めるのが、一番の近道です。

「雇用」されているわけですから、「雇用される能力」の向上は必須です。

また、たとえば電化製品であっても、パソコンのシステムであっても、商品は、常に進化し続けていかなければなりません。これは、雇用される人にとっても同じことがいえます。

進化が止まれば、商品としても価値がなくなり、必要とされなくなってしまいます。

このことからも、常に自分の品質に気を配る必要があります。

商品や電化製品のように、新しい商品に入れ替えたりされる前に、自分で新しい商品として変化（成長）し続け、会社にその存在価値と必要性を見せつけ続ける必要があります。

商品価値を他と比べる

自分という商品の品質や価値を維持向上していくためには、やはり、周りの商品との比較が必要です。

具体的には、自分の先輩や同僚と比較し検討する必要があります。

つまり、同僚や先輩ができていて、自分にできないことがあるならば、それを検証し、改善を進めていかなければなりません。

情報化社会では改善のスピードが急激に向上

また、現在のような情報化社会において、すべての動きが急速化しています。

つまり、商品開発にせよ、サービスにせよ、その環境の変化は恐ろしいくらいです。

この状況の中で、職員という商品に求められている品質向上や新技術の提供においても、10年前とは比べものになりません。

急激な変化が起こっているものの一例

・自動車というものが、今やガソリンが必要ではなくなりつつあります。

・テレビ番組を制作して、ＣＭを視聴者の強制的に見せ、ＣＭ料で収益を上げるというシステム自体がインターネットなどの普及により崩壊しかかっています。

・薬局という薬を売る店舗は、インターネットでの販売、コンビニでの販売、距離規制の撤廃などにより「薬だけを売る」ということに限界がきています。
・パソコン、車のナビ、携帯電話、タブレット端末の境目がなくなりつつあります。

ちょっとした言い方の違いで別のものと認識してしまう

そもそも、われわれは、言い方や、見た目を少し変えただけで、違うものと認識してしまいます。

「焼肉定食」と「牛丼」の材料はほとんど同じです。

肉を皿に盛るのか、ごはんの上に盛るのかの違いとたれの違いくらいです。

さらには、病名などについても、印象が悪くなれば変更したりします。

そうすることにより、印象や捉え方が変わるのです。

これだけでも、変化だと感じるわれわれが、先ほど列記したもののように根本的なことから変化している現在では、想像以上の変化をしなければ、社会の変化についていけないということを認識しなければなりません。

つまり、立ち止まること自体は後退であり、僅かな変化（成長）でも後退です。

それなりの変化（成長）があって初めて社会に対応できているといえます。

さらには、ある程度急速な変化（成長）があってこそ前進しているといえるのです。

このことからも、急速な変化（成長）を継続しましょう。

それによって初めて、周囲から成長しているように見えます。

【図表27　社会の変化と職員の変化】

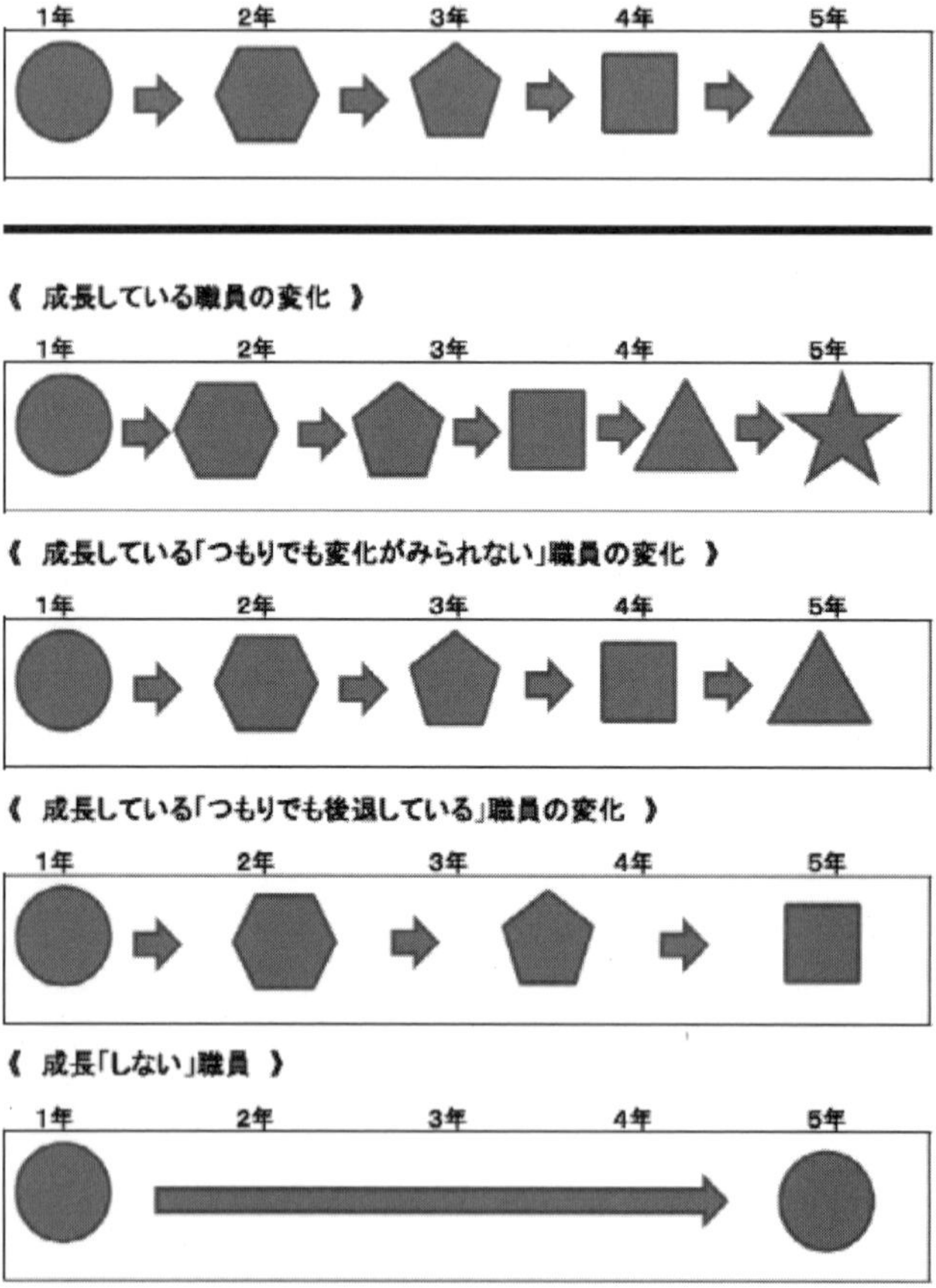
1年
2年
3年
4年
5年
《 成長している職員の変化 》
1年
2年
3年
4年
5年
《 成長している「つもりでも変化がみられない」職員の変化 》
1年
2年
3年
4年
5年
《 成長している「つもりでも後退している」職員の変化 》
1年
2年
3年
4年
5年
《 成長「しない」職員 》
1年
2年
3年
4年
5年

第7章　コミュニケーションの本当の意味と身につけ方

■会社の求めるコミュニケーション能力とは
《結論》相手をイメージして伝えること。

コミュニケーション能力

コミュニケーションとは、どういったものなのでしょうか。

そもそも、大手会社の採用面接などにおいてよく出てくるのが、

「論理的思考能力」

「問題解決処理能力」

「コミュニケーション能力」

の3つです。これらは、会社が人材を確保する上で、相当重要視しています。

しかし、言葉として何となくわかっても具体的にどういったことを求めているのかがはっきり見えてこないと思います。そこで簡単に説明をします。


「論理的思考能力」

論理的思考能力とは、順序立てて物事を考える能力のことです。

たとえば

（問題）経営上、現在赤字である。

↓

（対策）経費削減を実行しなければならない。

↓

（考察）削減可能な経費は接待交際費である。

↓

（具体案）赤字を補てんするための接待交際費の削減目標額は12万円である。

↓

（実行）今月から接待交際費を毎月１万円ずつ削減する。

これが一般的な思考回路であります。

結論を先に伝える

これをコミュニケーションとして論理的に表現する場合に重要なポイントがあります。

右の例は単純なものですが、もっと複雑なものはいくらでも存在します。

その際に、いちいちすべてを説明していると、相手は聞いてくれません。なので、次のように説明します。

(問題) 経営上、現在、赤字である。
↓
(実行) なので、今月から接待交際費を毎月1万円ずつ削減する。
↓
(具体案) なぜなら、赤字を補てんするための目標額は12万円であり、
(考察) 削減可能な経費は接待交際費であるから、
(対策) そのために経費削減を実行する。

このように(問題)の後に(実行)という結論を持ってくることにより、相手は、まず、あなたが、経営上の問題に対して何をするのかを理解した上で(具体案)(考察)(対策)などの説明を聞くことができます。

結論が後だと聞く側はイライラする

しかし、一般的思考の順序のままで話をすると、最後にしか(実行)という結論が出てこないのです。

これは、聞く側に対し、相当の集中力を求めることになり、かつ、どのような結論になるのか不安を与えてしまい、相手をイライラさせてしまいます。

問題や質問に対して、結論を伝え、「なぜなら」と付け加えて説明をしていくと、相手は聞きや

すいですし、安心して話を聞くことができます。

【図表 28　報告時には実行＝結論を先に】

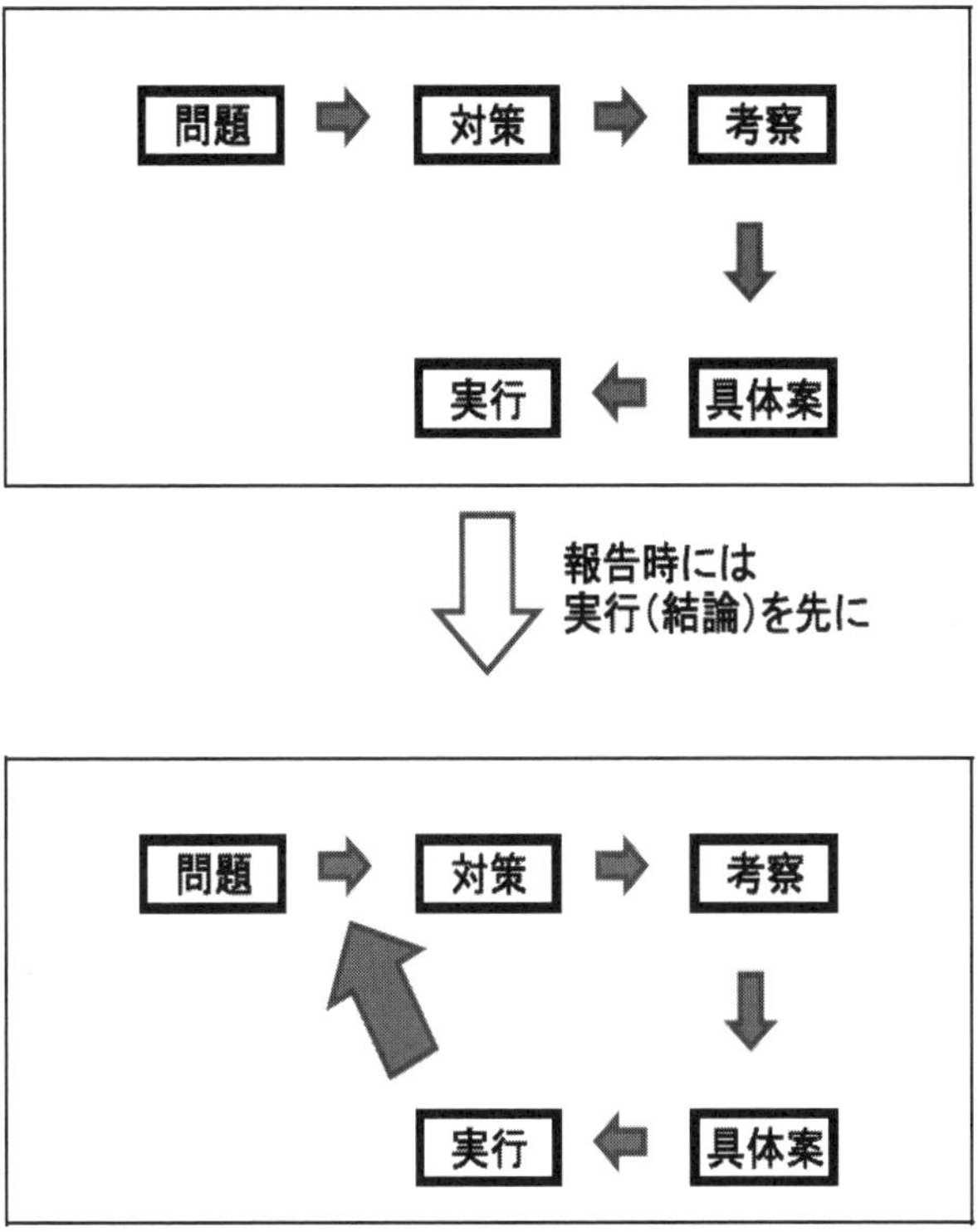

問題決処理能力

問題解決処理能力は、文字からも推測がつくでしょうが、実際に行動に移せる人は少ないといわざるを得ません。

簡潔にいいますと、

「できない」

「わかりません」

とは言わないということです。

そもそも、上司から指示を受けたにも関わらず、「できません」や「わかりません」という回答があり得るのでしょうか。

自分で解決するという意識

上司とは、忙しくしている最中に限ってやっかいな指示を出してくるものです。こちらの都合などおかまいなしですから……。

しかし、だからといって「できません」では問題があります。

なぜなら、前述でもあったように「できない」と言われてしまっては、上司はその仕事を他の誰かに指示を出すか、もしくは自分でやる必要が発生するからです。

つまり、上司に対して「自分でやってよ」と言っているのと同じことになるのです。せめて、「今はできませんが、午後4時以降ならできます」と答えるべきです。

これによって上司は、4時以降でよいのか、他の人に任せるのか、自分でやるのか、また、あなたに現在の仕事よりも優先してやるように指示するのかを判断できるのです。

「わからない」は上司に対し、「お前がやれ」と言っているのと同じ

また、「わかりません」というのもひどい回答です。

なぜなら、仕事を進めていく中で、担当しているあなたが「わからない」ということは、それを

誰かが代わって考えてやらなければならないということになるのです。

質問をした人は「わからない」と言われ、自分の手を止めて、そこから、その業務の今までの経緯を理解し、判断し、結論を出し解決する必要が発生してくるのです。

そしてあなたに再度具体的な指示を出します。

これが繰り返されると、あなたに任せないほうがましだと思われてしまうでしょう。

逆の立場で考えてみよう

極論を言えば、あなたが逆の立場で、部下に指示を出す立場だとして、部下に自分の仕事の一部をお願いしようとしたときに、その部下の回答が「わかりません」であると、あなたは、他の部下に仕事をお願いしなければなりません。

しかし、他の部下も皆「わかりません」と答えたならば、あなたはお願いする人がいなくなり、自分でやらなければならなくなります。

そのとき、あなたは部下に恵まれていないな、と感じるでしょう。

しかし、そんな中、

「私にやらせてください」

「私がやりましょうか」

などと声を掛けてくれる部下がいたらなんと心強いことでしょう。

そういった人にあなたがなるべきです。

わからなければ調べる

上司や会社に質問する場合は、会社判断を求める場合にのみ、その必要性があり、それ以外は自分の甘えだということを理解しましょう。

また、指示を出した側は調べればわかると判断して指示を出している場合が多いことから、徹底的に自分で調べた後にわからない場合に限り質問すべきですし、上司から質問された場合でわからないことがあるときは「わからないのですぐ調べます」と答えるべきです。

コミュニケーション能力

同僚や上司と仲良くやれることがコミュニケーションなのでしょうか。

会社が求めているコミュニケーションは、それとはまったく異なります。

一般的にコミュニケーションとは、お客様と楽しい話をしたり、優しい話し方であったり、そういったイメージであると思われます。しかし、会社の中で求められるものは違います。

結論からいうと「相手を思いやる言動」ということになります。

しかしながら、「相手を思いやる言動」とはどのようなものなのでしょうか。

もちろんですが、相手がミスをした際などに、

【図表29　コミュニケーション能力】

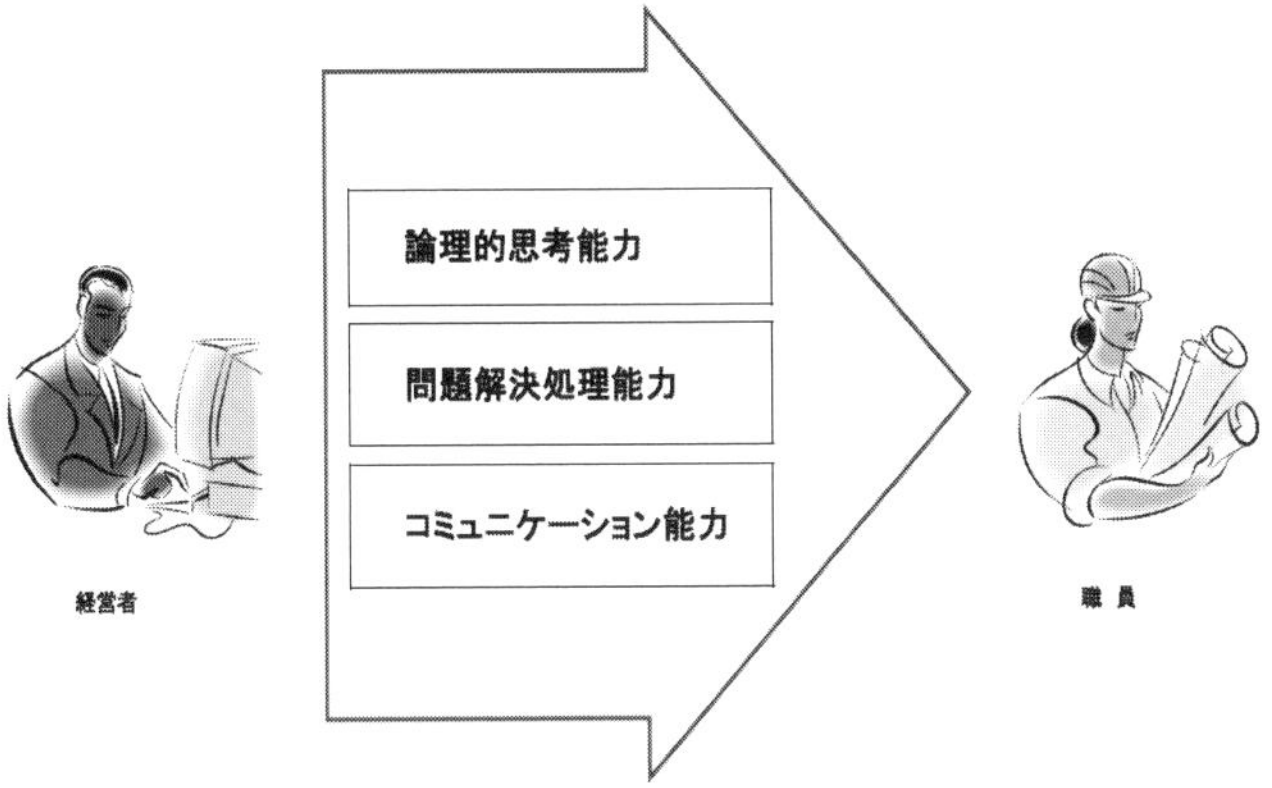
論理的思考能力
問題解決処理能力
コミュニケーション能力
経営者
職員

「大丈夫だよ、次から頑張れば」などと優しく声をかけることが重要なのではありません。

これは、ただ優しいというだけです。優しいことが悪いことではないのですが、優しいことが正しいという発想は間違っています。

本当に相手を思いやるということは相手をイメージしていること

本当に相手を思いやった言動とは、相手をイメージして、相手の次の行動を踏まえて、相手のためになるような言動をとることです。

それには、まずあなたが相手に興味を持たなければなりません。

この、相手に興味を持つということがなければ、相手の存在自体を意識することがなく、相手をイメージすることが困難になってしまいます。

【図表30　相手を思いやる言動】

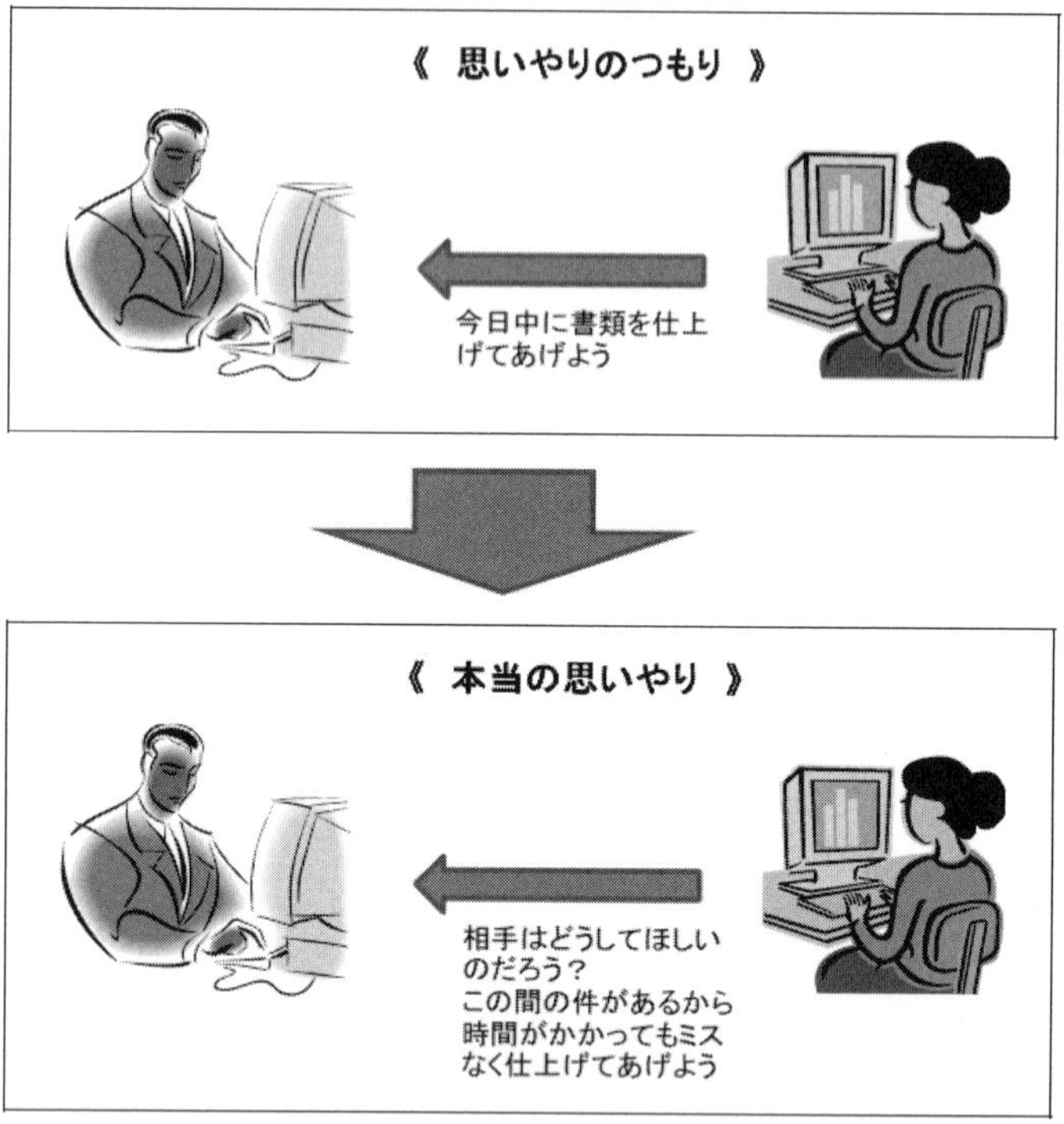
《 思いやりのつもり 》
今日中に書類を仕上げてあげよう
《 本当の思いやり 》
相手はどうしてほしいのだろう？
この間の件があるから時間がかかってもミスなく仕上げてあげよう

興味を持てばよいのであって好きになる必要はないので、その相手の特徴を捉え、自分が興味を持てるように自分をコントロールしましょう。

相手に興味を持つということ

　相手に興味が持てないと、なかなかイメージできないですが、人は、自分に有益であるか、または非常に害があると思えないと興味を持ちにくいです。

　そこで、1つの方法として、自分と他人とを比べます。

その結果、すべての能力において他人のほうが下であることはまずありません。

そのことから、相手のほうが優れているところを見つけ出し、そこを盗み取るような気持ちで接することができれば、多少興味も湧くのではないでしょうか。

キモ17　会社の求めるコミュニケーションを理解する

相手を思いやる言動

会社は職員に対して次のことを考えています。

・もっと、業務報告をマメにしてほしい。
・もっと、正しい情報を提供してほしい。
・もっと、指示どおりに行動してほしい。
・もっと、会社の方針を理解してほしい。

これらを解決するのはコミュニケーションですが、会社の求めるコミュニケーションで最重要課題は前述した「相手を思いやる言動」です。ここでいう相手とは会社ということになります。

「はい」と答えることは相手への思いやりが足りない

たとえば、プレゼン資料の作成依頼を受けていた場合に、「頼んでおいた資料はできそうかな」と質問されたときに多くの人が、「なんとか頑張ります」であるとか「はい。できそうです」と答えます。

重要なのは、これは相手を思いやっていないということです。

相手をイメージする

相手が「頼んでおいた資料はできそうかな」と質問した時点で、それは「まだかな」、もしくは「いつくらいにできるのかな」という要素を含んでいます。

相手のことを思いやり、相手の立場に立って考えれば、その資料がいつくらいにできるのかを付け加えてあげるべきです。

つまり、「はい。できそうです。5時までに仕上げます」と伝えるべきなのです。

もし「5時までに仕上げます」という言葉を付け加えていなければ、相手が「何時くらいにできそう」と質問を再度しなければなりません。

それは、相手に二度手間を取らせていることになります。

かつ、相手がせかしているように映るので気を遣わせてしまっているのです。

これは、相手に対する思いやりが足りないといわざるを得ません。

【図表31　相手をイメージして作成する】

報告書作成
報告書
職　員
経営者をイメージ

報告書などでも相手をイメージして作成する

さらには報告書や届出書においても、たとえば、残業届出書を提出する際も、残業の理由に「残務処理」などと記載する例が多く見受けられます。しかし、現実問題として、ただの残務処理としての記載だけでは、残業を認めにくいといわざるを得ません。

決裁者は、時間内に処理が済ませられないかと考えます。

必要があって残業するというのであれば、きちんと、相手が納得できる理由を記載すべきです。

さらには、業務報告書などにおいては、自分を正しく表現しなければなりません。

これは、あなたがどのような業務を行ったかを相手に伝えるものです。なので相手がそれを理解できる内容でなければなりません。

キモ18 積み上げ式のコミュニケーション

「はい、○○しておきます」と自分の行動をつけ足す

私は、会社や上司とのコミュニケーションにおいて、積み上げ式のコミュニケーションというものを提唱しています。

具体的にどういったものなのかといいますと、ルールとしては、「はい」と言わないということです。上司と部下の会話で「はい」という言葉が多く飛び交いますが「はい」では相手がどう理解したのかが伝わらないのです。

このことから「はい、○○しておきます」というように自分の行動をつけ足すと相手からみればあなたの行動がよくわかります。

次の行動を予測して伝える

また、次の行動を予測して伝えることも大切です。

たとえば、お客様の希望している色を経営者から尋ねられたときに、

【図表 32　通常のコミュニケーション】

経営者		職　員
ありがとう。		
追加は完了ですか？	→	はい、完了しています。
白追加しておいてね。	→	はい、了解しました。
ではグレーですか？	→	はい、そうです。
白ですか？	→	違います。

質問者がほとんどしゃべることになる

「白ですか」

と質問された場合の答えは、

「はい」や「いいえ」

ではありません。

「グレーです。なぜなら白が切れていたからです」

と答えるべきです。


　さらに相手の行動を予測し言葉を付け足して、

「グレーです。なぜなら白が切れていたからです。白は注文しておきます」

と答えるべきです。

次を事前に伝えることで自分が理解できていることを伝える

　白が切れていたと聞いた経営者の次の「注文しておいて」という指示を事前に予測し、

【図表33　積み上げ式コミュニケーション】

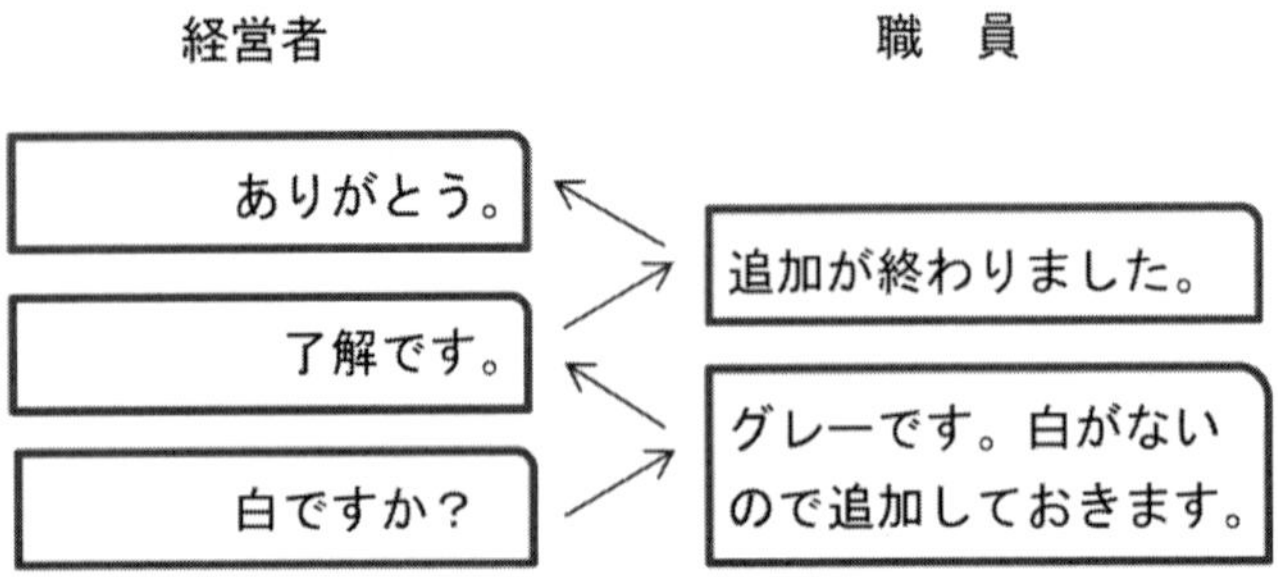
経営者
職　員
追加が終わりました。
ありがとう。
グレーです。白がないので追加しておきます。
了解です。
白ですか？

質問者が、初めの質問以外は返事だけで良い

指示を受ける前に「注文しておきます」とつけ加えるのです。

そうすることによって、経営者からみれば、この職員は、いちいち言わなくても、自分で判断して注文しなければならないということが理解できているのだなということがわかります。

しかし、この「注文しておきます」という言葉がなければ、経営者からみれば、この職員は、いちいち「注文しておいて」と言わないと注文してくれない頼りない職員だというように映ってしまいます。

「積み上げ式のコミュニケーション」で立場を逆転させる

さらには「通常のコミュニケーション」と「積み上げ式のコミュニケーション」では、会話の簡潔までのスピードが違います。

また、「通常のコミュニケーション」と「積み上げ式のコミュニケーション」では立場が逆転するのです。

つまり、「通常のコミュニケーション」では経営者がほとんど話しています。

職員は、「はい」としか答えていないのです。

しかし、「積み上げ式のコミュニケーション」では職員がほとんど話しているのです。

こうなることによって、経営者からみれば、あなたの現在の理解度が明確にわかり、指示が出しやすくなります。

さらには、多忙な経営者にとって、伝達時間が短いということは非常に重要なことであり、ありがたいことなのです。

「積み上げ式のコミュニケーション」は同僚や部下に対しても必要

積み上げ式のコミュニケーションは、何も経営者との間にのみ必要なものではなく、同僚や部下に対しても採用していかなければならないものです。

これにより、職場内の認識不足によるミスやトラブルを減少させることができます。

さらには、お互いが「積み上げ式のコミュニケーション」を行うことにより、相手を理解し合えるので仕事が効率化されます。

また、お互いに信頼関係を構築しやすくなるといえます。

このことからも、職場内では常に「積み上げ式のコミュニケーション」を意識しましょう。

キモ19　相手の言っている意味がわからなかった場合の対応

わかったフリはダメ

相手の言っていることがわからない場合があると思います。

しかし、多くの人の発想ではあまりつっこむと相手に悪いので、わかったフリをしてやり過ごすことが多いと思います。

しかし、会社の求めるコミュニケーションにおいては、それは絶対にしてはいけないことに当たります。

再度確認する勇気

どれだけ目上の相手であっても、言っている意味がわからなかった場合には、再度質問すべきです。

なぜなら、目上の人であるほど、話す機会が少なくなります。つまり、コミュニケーションの機会が少なくなるので、その場で不明点を解決させるべきなのです。

【図表 34　再度の質問・確認をする】

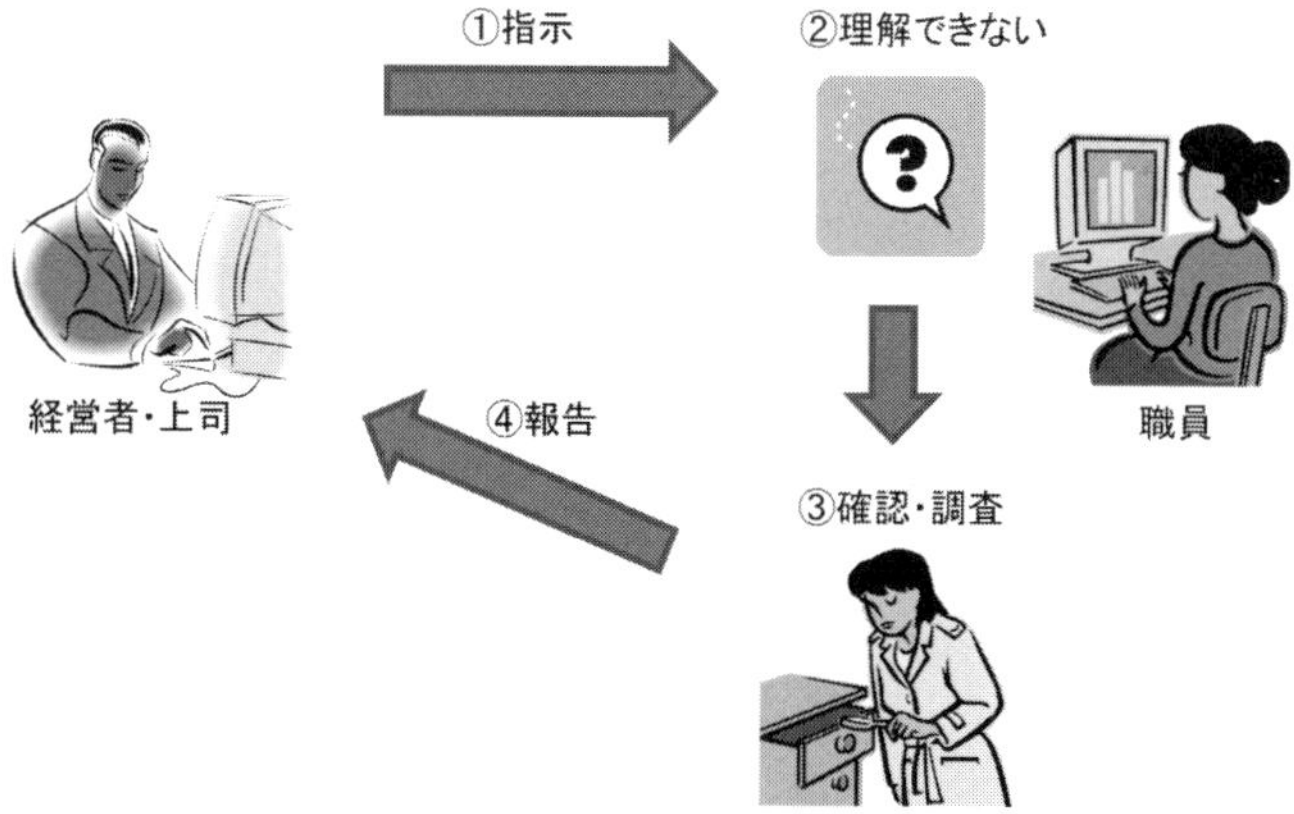
①指示
②理解できない
経営者・上司
職員
④報告
③確認・調査

質問の仕方

質問の仕方としては、「すみません、先ほどの件理解できませんでしたが、つまり○○ということですか？」と聞くのが望ましいのです。

つまり、理解できていないことを明確に伝えるとともに、自分は現在どう解釈しているのかを相手に伝えることにより、相手は、あなたにどう伝えればよいのかがわかります。

聞くチャンスを逃した場合

しかしながら、聞くチャンスを逃してしまう場合もあります。

そんな場合は、ありとあらゆることを想定して、調査し、自分なりに一生懸命考えた上で、次のチャンスに確認します。

そうでなければ、質問した際の相手の切り返しに対応できません。経営者は多くの場面を想定しています。

また質問を受けた時点で多くの状況をイメージします。それを踏まえて質問をしなければなりません。

キモ20　相手に言いにくいことがある場合の対応

本当に困る

業務上、相手に言いにくいことというのはあるものです。

たとえば、取引先からお客様をご紹介いただいて良好なお取引をさせていただいているにも関わらず、ご紹介いただいたお客様と取引先の関係が悪化し、紹介してくださった取引先に代わる良い会社を知らないかと、お客様から相談されたときなど、本当に困ると思います。

お客様には誠実であること

そんな場合でも誠実で素直な対応が大切です。

嘘やその場の言い逃れでは、見抜かれてしまいます。

このことからも、正直に「紹介してもらった取引先を裏切るようなことになるので、できれば、

【図表35　誠実で素直な対応が大切】

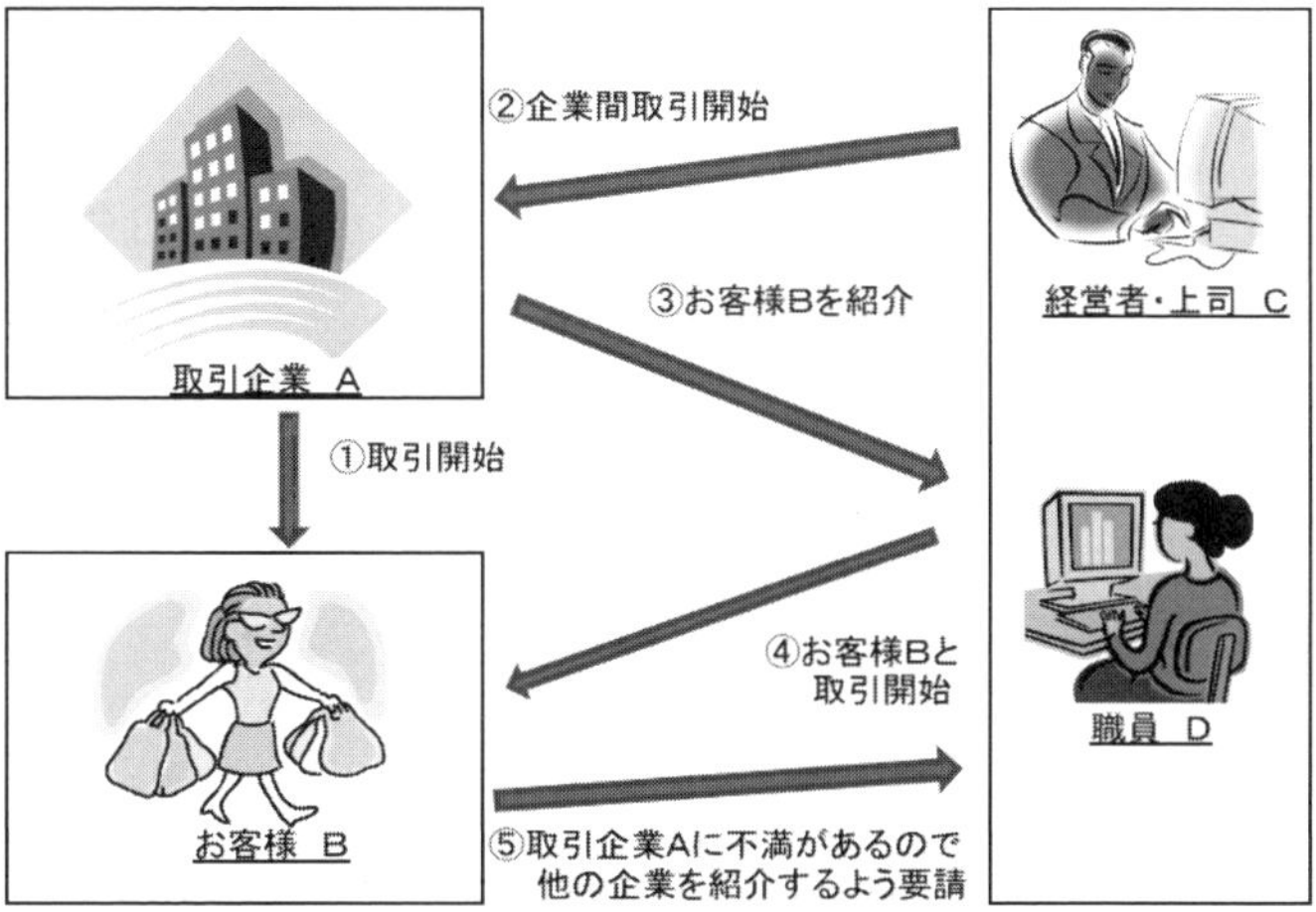
②企業間取引開始
③お客様Bを紹介
経営者・上司　C
取引企業　A
①取引開始
④お客様Bと
取引開始
職員　D
お客様　B
⑤取引企業Aに不満があるので
他の企業を紹介するよう要請

他の企業を紹介するというのは、今回は遠慮させていただきたい。

しかし、本当にお困りで、他に見つからない場合はお声掛けください」などと答えるべきだと思います。

そして、それでも、紹介してほしいといわれた場合には、お客様に紹介してくれた取引先に相談することの了承を得て、その取引先に事情を説明するべきです。

相手の気持ちに配慮し過ぎない

ここで重要なのは相手の気持ちに配慮し過ぎないということです。

つまり、ここでいう紹介してくれた取引先に対して、失礼にあたるのではないか、または、今後は紹介してくれないのではないかという不安があると思いますが、お客様が第一であるならば、他に気を遣うあまり重要な部分がブレないようにしなければなりません。

なので、正直に現状を伝え誠意をもって対応することが重要です。

言いにくいことでも誠意をもって伝え、好印象に繋げる

このように、言いにくいことでも誠意をもって相手に伝えるということは、コミュニケーションでは重要となりますが、そこに誠意があれば意外と相手は不快にならないものです。

それどころか好印象にさえ映る場合があります。

それは、事実を曲げずに誠実に行動しているからです。

紹介した取引先からすれば、お客様との信頼関係が崩壊し、その企業自体も取引の継続を望んでいない場合も十分に考えられます。

そんな中、一生懸命対応しようというあなたの姿勢は、取引先から見れば爽やかで、信頼のおける人物に映るでしょう。

社内で言いにくいことが発生した場合

また、上司などに対しても言いにくいことが発生する場合があります。

たとえば、お客様から上司へのクレームが出た場合、上司にどう報告するか、または報告しないかという選択肢を迫られます。

上司のことを心から思いやると報告すべきです。

伝え方が問題ではありますが、それを知らせずに、上司が不手際を続けるのを黙って見ていることは、相手のためになっているとは到底思えません。

しかし、上司にそのことを部下に伝えるということ自体に、

① 上司のプライドを傷つける

② 上司が聞いて怒る

③ 上司の不手際を部下が伝えるべきではない

などという意見もあるのですが、重要なのは伝え方です。

「思いやり」「誠意」「誠実」「事実」

ここにも、「思いやり」「誠意」「誠実」「事実」が必要です。

つまり、上司に気を遣うあまり、相手が「激怒」しているにも関わらず、「怒っていました」と伝えるとニュアンスが正しく伝わらずに、上司は再度不手際を打つことになってしまいます。

ただ、「怒っていました」とだけ伝えると、「なぜなんだ」と逆に上司が怒ってしまう場合もあります。

このことから、「解決策」を提案すべきだと思います。

言いにくい相手でもストレートに伝え、解決策を提案する

要するに「激怒されていました」という言葉の後に、「すぐに釈明にきてほしいという印象を受けました」などとつけ足すと、それを聞いた上司は、判断材料ができるので比較的冷静にあなたの話を聞くことができます。

【図表36　誠実に事実を伝える】

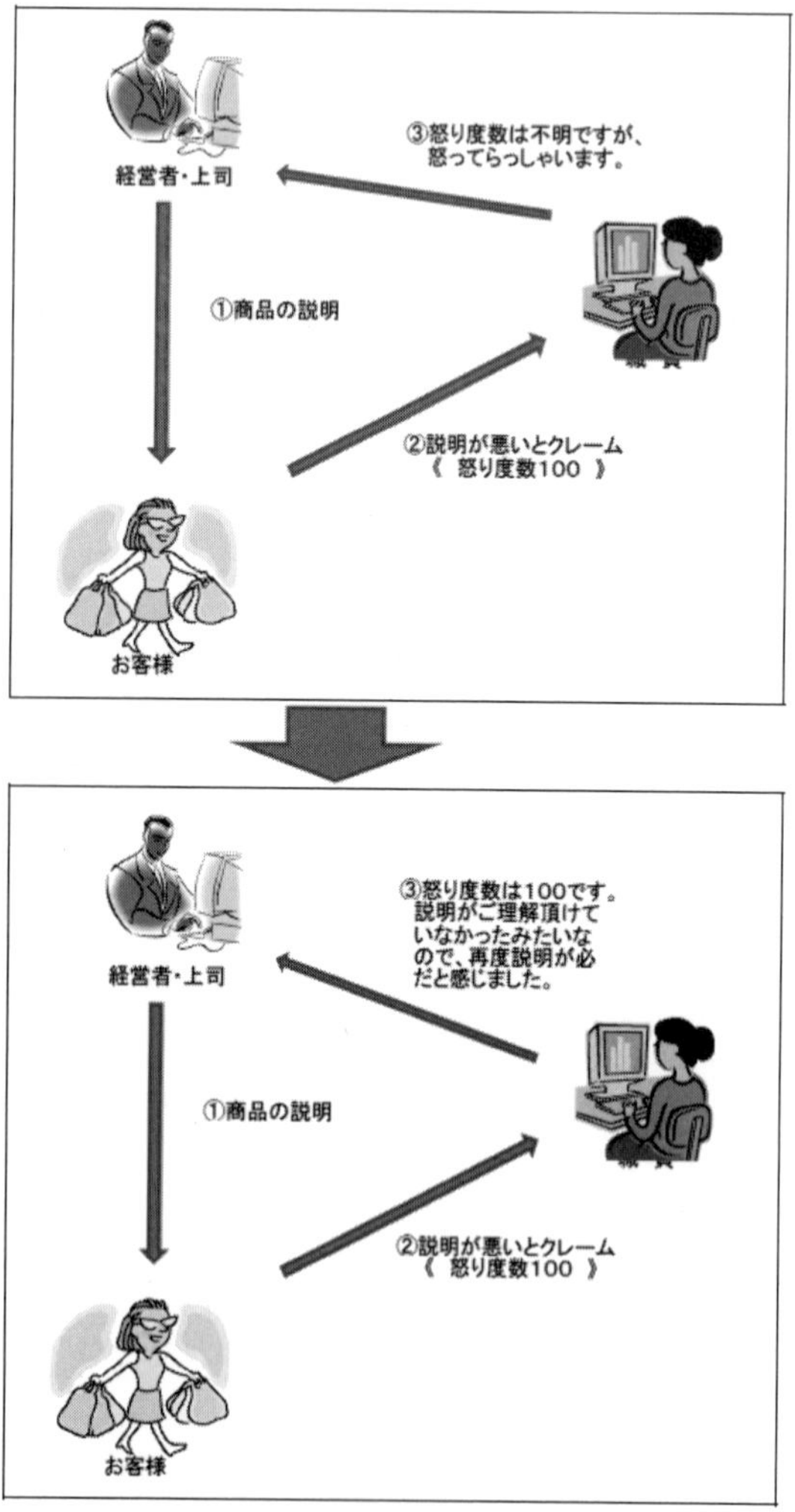

なぜ、それが必要なのかというと、上司からすると、あなたが情報源となっているからです。

上司にとっては、お客様から聞いたあなたが情報源なわけですから、いくら上司のミスでも、上司は情報の伝え方が物足りなければ、あなたに迫ってくるでしょう。このことからも、

「思いやり」

「誠意」

「誠実」

「事実」

を持って伝えることが大切です。

情報源として相手の欲している情報を提供

さらには、情報源として相手の欲している情報を見抜く必要があります。

この例でいいますと、上司は、

「お客様はどうすれば許してくれるのだろう」

ということが知りたいのです。

つまり、そのきっかけとなる情報を提供してあげる必要があるのです。

言い換えると、それをあなたが伝えなければ、上司はあなたのことを、非協力的だとすら捉えてしまう可能性があります。

相手の立場に立って相手が知りたいことを考える

重要なことは、相手の立場に立って、相手が何を知りたいと思っているのかを考えることです。

実は、相手が何を知りたいと思っているのかがわかっていなければ、いくら努力しても、いくら気を遣っても、相手を満足させることはできないでしょう。


このことから、この例でいえば、自分が上司の立場でお客様を怒らせてしまったのならば、

「何を知りたいのだろう」

「どう行動したいのだろう」

などと考え、お客様からの電話を受けて、上司へのクレームだとわかった時点で、上司がほしいと考えられる情報を収集してあげます。

コミュニケーションには情報の収集と提供が重要

このように、より円滑に相手に物事を伝えようとするときには、機転を利かせた情報収集と、その提供方法が非常に重要です。

その最も重要な要素が、相手の立場になって考えるということです。

これは、努力では限界があります。

内面から出てくる相手を心から思いやる気持ちが重要です。

第8章　ポジティブに行こう

■ポジティブとは
《結論》問題を解決し、前へ進む力があること。

キモ21　決して泣いてはいけない

上司が怒るのは「反省と理解」を求めているから

職場で上司に怒られて、泣く人がたまにいますが、上司から見れば非常に残念なことです。

いい大人が怒られて怖いから泣くということはまずないでしょう。

そうすると、なぜ泣くのでしょうか。

それは、怒られて

「くやしい」

「わかってもらえなくて辛い」

というような感情からでしょう。

　つまり、

「私は反省していません」

「私は悪くないのに」

などと言っているのと同じです。

　これを見た同僚などは、

「大丈夫だよ、気にすることないよ」

「気持ちわかるよ、あの上司本当に腹が立つよね」

などと慰めてくれますが、ただの慰めです。

　上司が怒るということは、「反省と理解」を求めているのです。

　それなのに、泣くということは、それを受け入れないことになります。

ポジティブに捉える

　何事もポジティブに考えるべきです。

　叱られるうちが華などとありきたりなことはいいませんが、叱られるということは、問題点を相手がこちらに明確に伝えてきているのです。

　こんな簡単な相手はいません。

　何を言ってもヘラヘラしている人のほうがよっぽど難しいと思います。

失敗は成功のもと

私は失敗をしたことがありません。

他の人が失敗に思えることであっても、それを糧にそれ以上の結果を取ってやろうと努力し、結果をとってきたからです。

このことから私にとって失敗ではなく、よい経験なのです。

落ち込むということはそれ以上の努力をしないということ

私は落ち込んだことがありません。

すみません、ちょっと言い過ぎました。落ち込んでも1日程度で回復します。

「落ち込む」ということは、私から言わせると拗ねているように見えます。

「落ち込む」ということは、私から言わせると慰めてほしがって、甘えているように見えます。

人はそんなに強いものではないので、たまには人に慰めてもらいたいと思うことがそんなにだめなことなのでしょうか？　と詰問されそうですが、決してそういうことを否定しません。

特に、仕事以外の身の回りのことなどでは落ち込むということを否定はしません。

しかし、仕事に限っていうと、ポジティブに行けば、落ち込んでいる暇などありません。

解決策を見出し、次へ進んでいるからです。

また、落ち込むということは、解決策もないままにそれにこだわっているということですが、周りがそれに付き合いきれなくなってきます。

落ち込むのは数日間にして、ポジティブに行きましょう。

キモ22 嫌だなと思う人をよい課題だと捉える

自分はどんな人にでも対応できる

仕事をしていく中で、やはり嫌だなと思う人が出てくると思いますが、それをポジティブに捉え、自分がどんな人にでも対応できる人間になるためのトレーニングだと捉えることをお勧めします。

本当に良い人と、良く見せるのが上手な人

そもそも、自分にとっての好き嫌いは意外と付き合ってみると変わる場合も多いです。

たとえば、よく見かけるあの人、いつもエラそうにしていて、何か気に入らないであるとか、いつも綺麗事しか言わないあの人とは話しが合わないなどです。

しかし、重要なのは、人は、良い人に見せるのが上手い人とそうでない人がいることと、良い人に見せる気がそもそもない人がいます。

そのことから、付き合ってみなければ相手が本当に自分にとって好きな人なのか嫌いな人なのかはわかりにくいといえます。

嫌いだと思った人ほど仲良くなる

その中でも、初めは嫌いだと思った、もしくは、取っ付きにくいなと思った人ほど意外と仲良くなれるということを経験したことはないでしょうか。

不思議なものですが、初めに好きだなと思える人は、いわゆる「良い人」に見せるのが上手い人である可能性があります。

しかし、付き合ってみて好きだなと思える人は、自分にとって「本当に良い人」です。

「本当に良い人」の中には、自分を良い人に見せることに興味がない人がいるので、見つけられないことがあります。

そういった人との出会いが人生を楽しく豊かにします。

付き合った結果、嫌な人

付き合ってみた結果、嫌な人もいるでしょう。

しかし、あなたは、自分のことを

「好きです」

「尊敬しています」

と言われて、その人のことが嫌いになるでしょうか。

ならないと思います。ならないのだとしたら、あなたが、その人に嫌な態度を取っている可能性もあり得ます。

つまり、自分を変えることで嫌いな人を減らすことができることを理解し、努力することが必要です。

キモ23　自分を否定せず、自分を否定する噂を信じない

自分を否定して解決できる問題はあるか

自分を否定して、その先に何があるのでしょうか。

自分で自分を信じられなくて、どうして他人が自分を信じることができるのでしょうか。

自分を否定しても、前へ進まなくてよい理由にはなりません。

自分を否定して解決できる問題はあるのでしょうか。

ではなぜ自分を否定するのでしょうか。

自己否定は甘え

自己否定は、甘えであるといわざるを得ません。

問題を解決したり、前へ進むことはしんどいのかもしれません。

しかし、会社は、自己否定を繰り返し前へ進もうとしない人を待ちません。

なぜなら、社会や会社が前へ前へ進化し続けているからです。

自信がないということは理由にはならない

自信がないということ、は何の理由にもなりません。

それは、できるまで努力はしませんという努力不足だからです。

自信満々である必要はなくても、ちゃんと自信を持てるくらいの努力をすべきです。

人の噂に左右されない

自分が周囲からどう思われているか気になる人は多いでしょう。

その中でも、職場内において、

「Aさんが、Bさんのことを嫌いなんだって」

「A上司がB部下のことを能力がないって言っていたよ」

などと噂は絶えません。

傍から見ていると、小学校のようです。

ここで私が考える問題点は2点あります。

噂話を本人にいう人

まず、1つ目は、「A上司がB部下のことを能力がないって言ってたよ」という噂話しを本人に伝える人です。

A上司が本当に言っていたか確認もせず、それを、本人に伝えて何になるのでしょうか。

その行為自体、自分が言いたくてたまらないだけであるか、または、両者間の仲を悪くさせることを考えているかです。

「あなたのために」などという言葉はあり得ません。

「あなたのために」と言われ、噂話しを聞かされたほうは言った人に「言ってくれてありがとう」と言うでしょう。

つまり、人のためではなく、噂話しを本人に伝える人というのは、「自分のため」に本人に伝えているのです。

噂話を聞いて、本人に確認しない人

2つ目の問題点は、他人から聞いた噂話しを信じてしまい、それによって態度や待遇を変える人です。

本人がどう言っていたか、どういうニュアンスで伝えたかったのか、全体の文脈から、その言葉は本当に重要だったのかなど、確認もせずに判断してしまうことに問題があります。

これは、本書でも出てくる情報リテラシーの問題ともリンクしますが、正しいかどうかもわからない情報を鵜呑みにすることは決して適正な判断とはいえません。

重要な事項に関しては、必ず本人から直接話しを聞き、その真意を確認し、自分で判断しなければなりません。

自信が持てないとは

自信が持てずにポジティブになれないという人がいると思います。

その人が最善の努力をしていればその人にかける言葉もあるでしょう。

しかし、その人が最善の努力をしていないにも関わらず自分に自信が持てないであるとか、ポジティブになれないというのであれば、かける言葉もありません。

ただただ努力することをお勧めします。

努力もせずにポジティブに考えると、その場はよくても結果は悲惨であり、結局ツライ思いをすることになるでしょう。

このことからも、ポジティブとは、実は奥が深く難しいことなのです。

第9章　自己実現・雇用される能力ってなに

■自己実現とは
《結論》自分の存在価値を自分で認識できること。

キモ24 自己実現の重要性を理解しよう

あまり生産性には影響しない

ハーバード大学のメイヨーとレスリスバーガーが、ウエスタン・エレクトリック社のホーソン工場でのホーソン実験を１９２４年から１９３２年にかけて行い、導き出された答えは、人は感情により生産性が変化するということでした。つまり、給与が上がることや、照明の明るさや部屋の広さなどはあまり長期的な生産性の向上には影響しなかったということです。

モチベーションは人間関係と自己実現

このことから類推して考えていくと、モチベーションを維持するのは、給与や職場の建物など

【図表37　モチベーション維持は人間関係が重要】

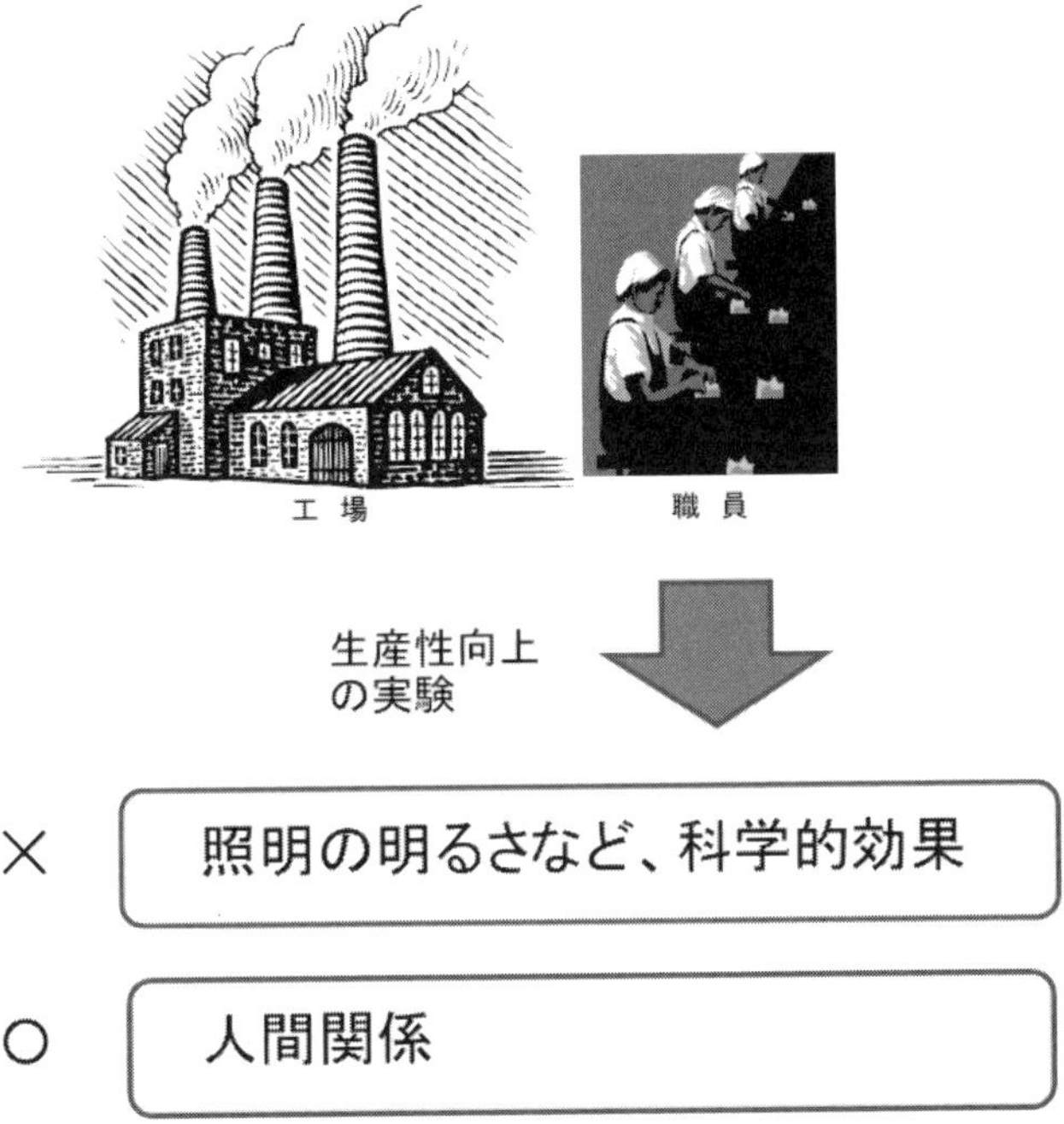
工　場
職　員
生産性向上
の実験
×
照明の明るさなど、科学的効果
○
人間関係

ではなく、人間関係や、自分の存在価値を自分で認識できることが重要だということがいえます。

　そうすると、さらに重要なのが、それらの人間関係や、自分の存在価値を自分で認識できること、他人任せでは結局モチベーションを自分でコントロールできなくなるということです。

　人間関係においては、相手があり、努力では補えない部分があることから、少し置いておき、「自分の存在価値を自分で感じることができる」ということに重点を置いて取り上げたいと思います。

自己実現は働く上で最重要

「自分の存在価値を自分で感じることができる」とは、言い換えるならば、自己実現であると考えます。

自分の思いや思考を表現し、それが、現実として受け入れられ、評価されます。また、制度や商品として流通することに対し、帰属意識と充実感を感じることができるといったことが自己実現だと思います。

この自己実現は、そういった意味では、働く上で最重要課題であるといえます。

自己実現を自分でコントロールする

また、この自己実現を自分でコントロールできたなら、それは、評価や給与も他人の力ではなく、自分の力で掴み取ることができます。

たとえば、嫌な上司がいて、そこに配属になった部下は皆辛い思いをして、辞めたいと考えていたとします。職場にいる間も、とにかく物事を穏便に済ますことだけを考えているとして、その中において、あなたが、自己実現の必要性とその方法を理解して取り組んだならば、一際目立つ存在となるでしょう。

【図表 38　すばらしい上司の下でも自己実現を意識して働く】

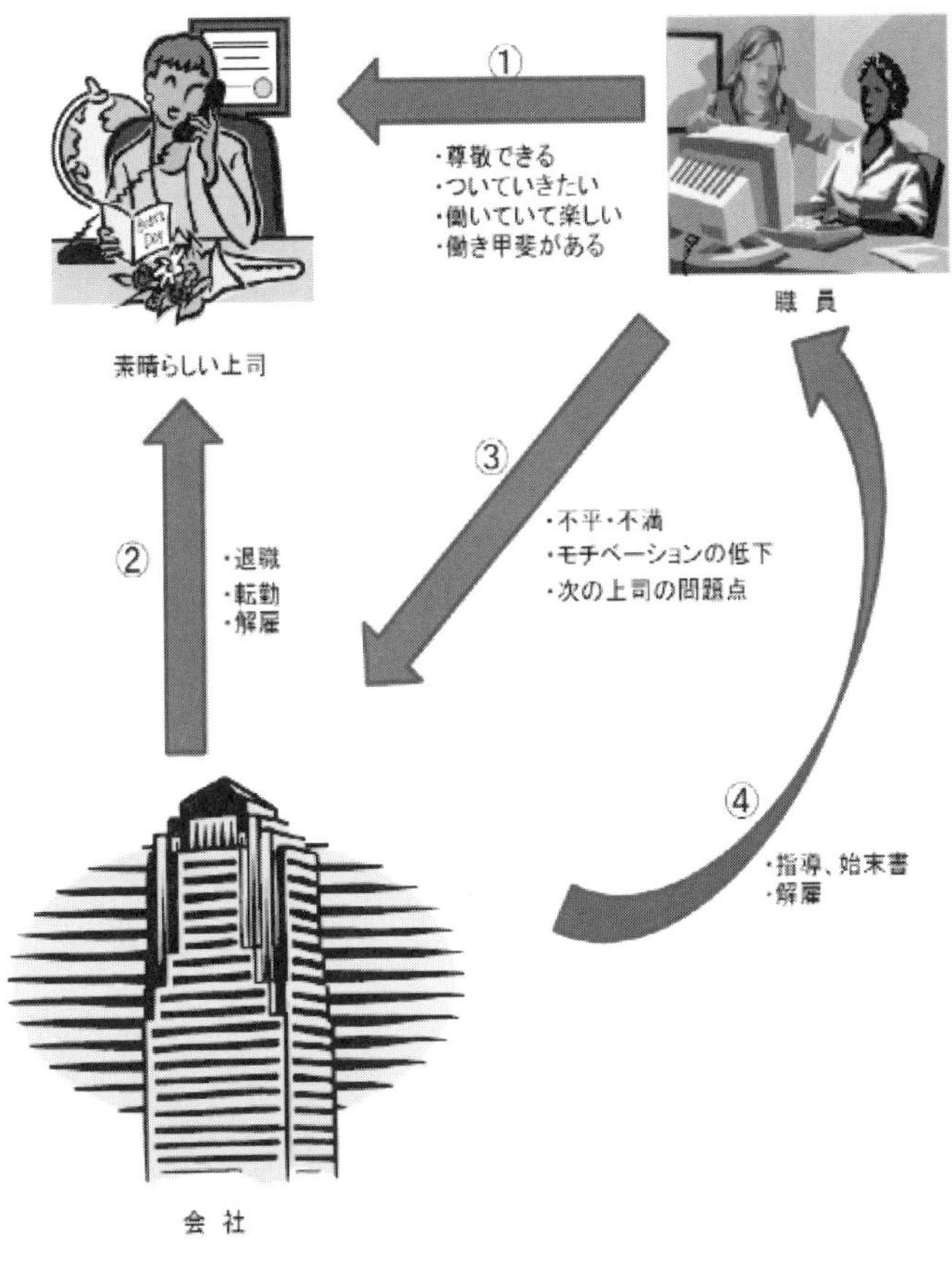
①
・尊敬できる
・ついていきたい
・働いていて楽しい
・働き甲斐がある
素晴らしい上司
職　員
②
・退職
・転勤
・解雇
③
・不平・不満
・モチベーションの低下
・次の上司の問題点
④
・指導、始末書
・解雇
会　社

素晴らしい上司の下でも自己実現は必要

また、素晴らしい上司の下に配属となり、その下で働く部下たちも日々充実していたとしても、自己実現の大切さを理解している人とそうでない人では、大きく異なります。

それは、自己実現を理解し、遂行している人は、環境の変化に対応できますが、そうでない人は、環境の変化に対応できないのです。

「上司が転勤になる」

「会社の経営方針の変更」

「同僚の配置換え」

など、他人が起こす変化であっても、自分のモチベーションが低下し、能力を最大限に発揮する意欲を欠いてしまいます。

このことからも、モチベーションを維持するために、自分で自己実現をしていく意識を持ち、コントロールしなければなりません。

素晴らしい上司の下で働いているときには、その重要性に気づくこともありませんし、何よりも充実していると思います。

しかし、環境が変化しただけでモチベーションが低下しているようでは、継続して働き続けることは難しいといわざるを得ません。

素晴らしい上司の下にいるときも、自己実現を意識して働くことが重要です。

キモ25　自己実現の方法

方法は千差万別

自己実現を達成するための方法は千差万別で、これでなければならないというものはありません。

しかし、ある程度の人に共通して適用できそうなものを取り上げます。

「雇用される能力」を意識する

職員は、一生懸命に上司の指示に従い、必要なことを覚え、努力しながら働きます。

しかし、ここで意識の持ち方を変え、「雇用される能力」というものを意識します。

「雇用される能力」とは、つまり、「自分が雇われる側」として必要な能力のことをいいます。

この言葉からも、技術だけが重要でないことを理解しなければなりません。

具体的にどういったものがあるのかといえば、

①　コミュニケーション能力

②　問題解決処理能力

③　論理的思考能力
④　情報リテラシー
⑤　目標達成能力

【図表39　雇用される能力】

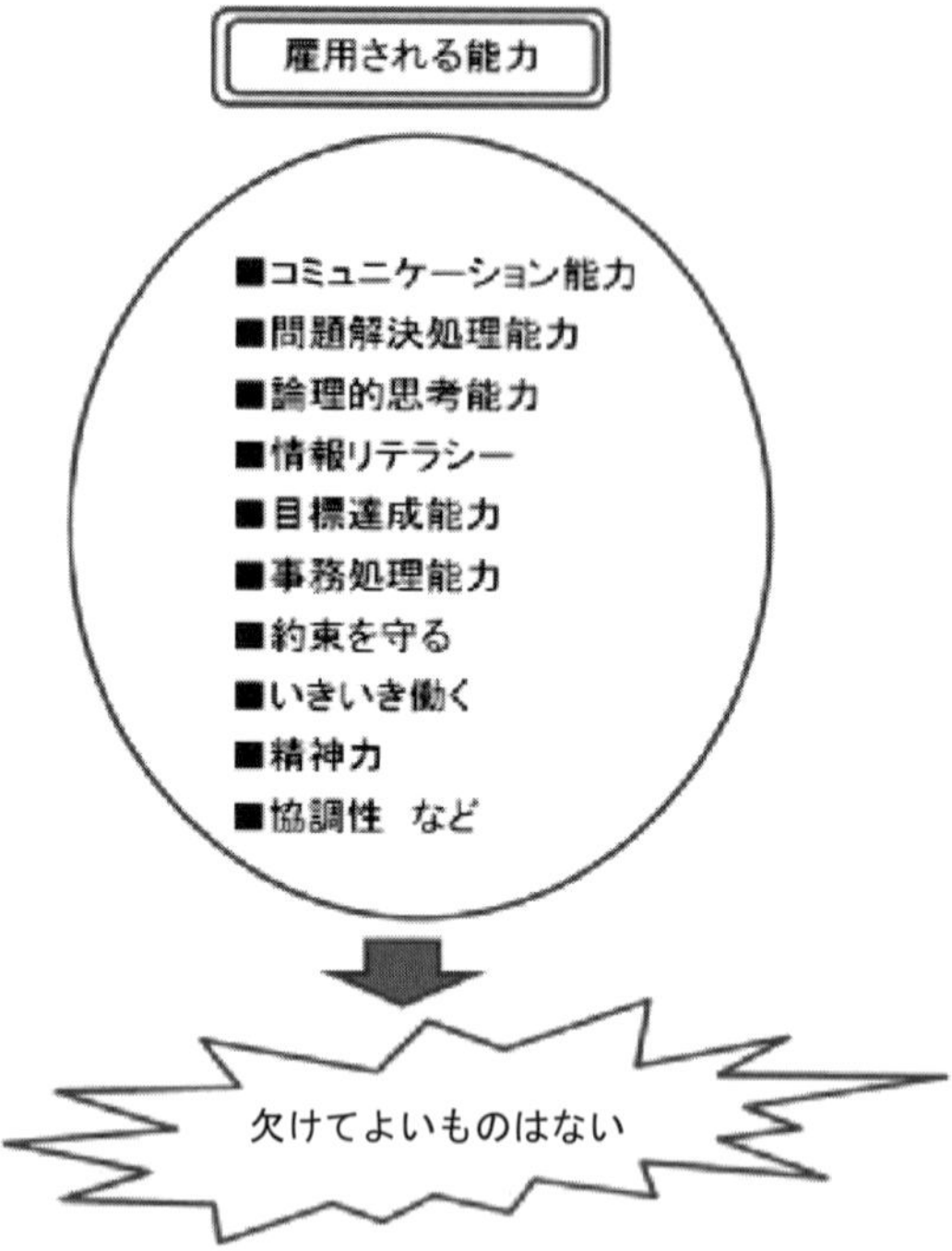
雇用される能力
■コミュニケーション能力
■問題解決処理能力
■論理的思考能力
■情報リテラシー
■目標達成能力
■事務処理能力
■約束を守る
■いきいき働く
■精神力
■協調性　など
欠けてよいものはない

⑥　事務処理能力
⑦　約束を守る
⑧　いきいき働く能力
⑨　精神力
⑩　協調性

　こういったものが挙げられます。
　これらは、あくまで一例であり、状況により必要な能力は変化するでしょう。

「雇用される能力」を成長させる

　雇用される能力は、重要

なものです。

たとえば、どれだけ優秀でも、「協調性」を欠いているだけで、雇用される側としては能力を欠くといわざるを得ず、将来に期待することは厳しくなります。

そもそも、雇用される側であるにも関わらず、雇用される能力を意識せずに雇用されていること自体が不自然であり、当然に意識すべきです。

このことから、日常の労働においても、「雇用される能力」の成長を意識しながら業務に取り組むべきです。

ＦＡＸ送信ですら「雇用される能力」である事務処理能力である

「雇用される能力」を意識できれば、ＦＡＸの送信１つでも、「雇用される能力」の１つである事務処理能力であり、その必要性と重要性を感じ取れます。

再度述べますが、「雇用される能力」は、どれか１つでも欠けてはなりません。

そのことから、事務処理は苦手なんですという言葉は、「雇われる側」という立場では成り立ちません。

しかし、不得意分野は、人それぞれあると思います。

そのことから、「苦手」という言葉で片づけるのではなく、不得意分野は「成長」させるという意識を持ち、積極的に取り組むべきです。

情報リテラシー

「雇用される能力」として列記した能力の中でも、言葉としてわかりにくいのは「情報リテラシー」ではないでしょうか。

情報リテラシーとは、情報の真意を理解し、自己で判断できる能力だと考えているのですが、私の仕事である社会保険労務士や行政書士という仕事を例に出すならば、たとえば、このような職員を採用したが助成金の対象となるのか、というような質問を受けた場合のことです。

情報の正確性を上げるには、質問の角度を変える

私は、まずは、行政のパンフやホームページで要件を確認します。

そうして、その中の不明な部分は、電話や窓口に問い合わせて確認します。

また、ここで多少の具体例を出して、パンフやホームページに記載されている内容ではあるが不安のある部分を確認します。

その場合、本当によく、「えっ、そうなの?」ということがあります。

つまり、パンフやホームページでは想定できない必要書類や要件が出てきます。これは、パンフやホームページが一般的なことを想定しているため、そのままを信じてはいけないことの勝差です。

さらに、行政に電話や窓口相談の後、法的に何かおかしいなと感じる部分を他の行政や同業の同僚に確認します。

【図表 40　情報収集の間違い】

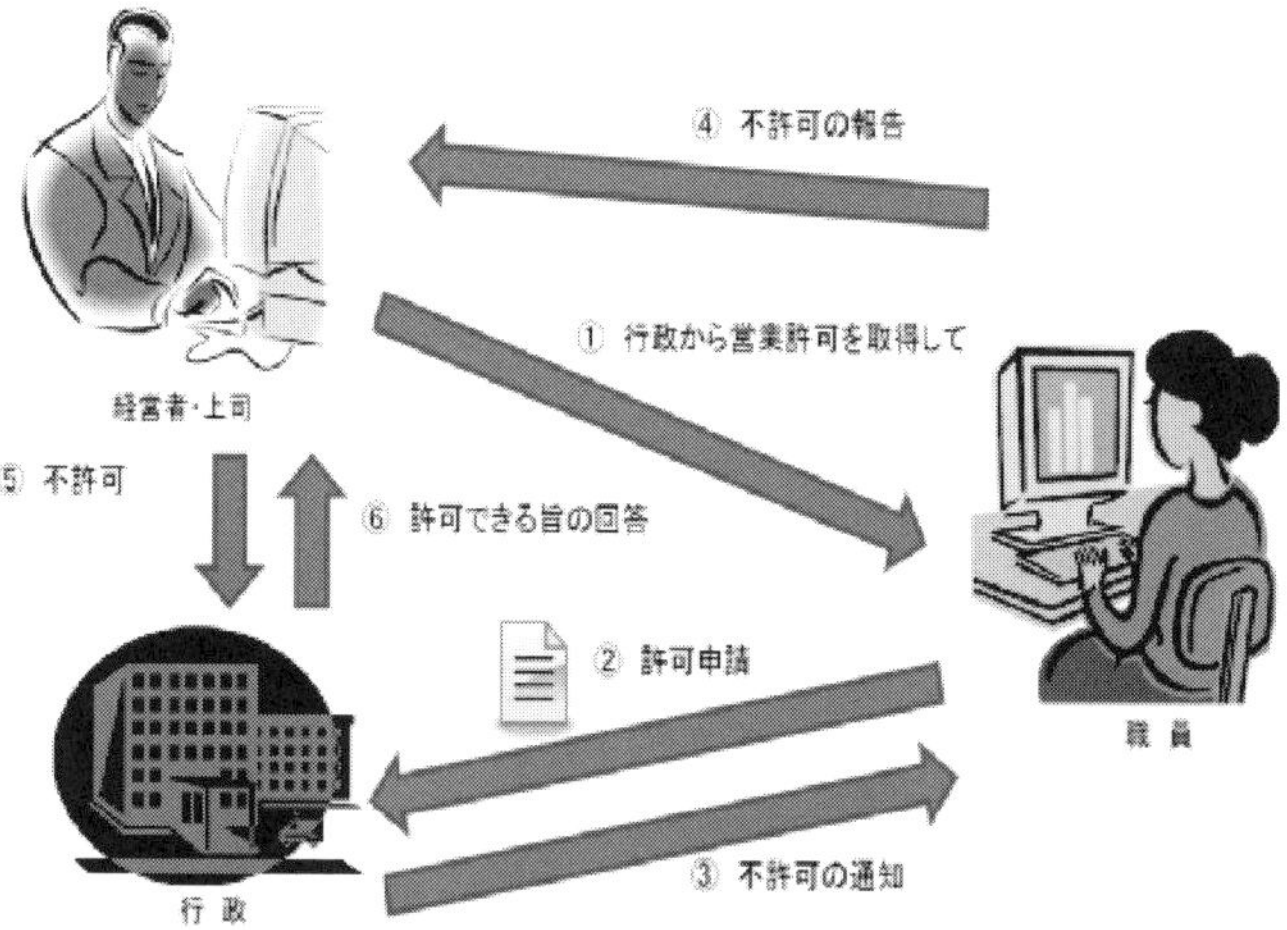
④ 不許可の報告
① 行政から営業許可を取得して
経営者・上司
⑤ 不許可
⑥ 許可できる旨の回答
② 許可申請
職 員
③ 不許可の通知
行 政

ここでも、「えっ、そうなの？」ということがよくあります。

情報収集の間違えは収集した人が間違えたことになる

つまり、「問題があるのでダメです」といわれたことでも、法的におかしいと感じたことを、他の行政に言い方や角度を変えて質問すると、「問題ないです」と答えが返ってきたり、同僚に聞くと、「その内容で問題なく何件も受理されているよ」と返ってきたりします。

ここで重要なのは、一生懸命、調査や手続はしたものの、行政から不許可を言い渡され、それを上司に報告すると、納得がいかないということで、上司が行政に問い合わせると、行政が許可できる旨の回答をしたときです。

上司から言えば、あなたの能力を疑わざるを得ません。

行政の担当者も人間であり、間違いや勘違い、記憶違いなどがあります。

さらには、具体的書類の提出がない状態では、正確な判断ができない場合もあります。

そういったことからも、たとえば、私の職業でいえば、質問を受けて、パンフとホームページだけを見て質問者に回答していれば、ある意味私が「間違った」回答をしてしまうことはあり得ることでしょう。

情報の発信源の立場を理解する

つまり、そのパンフやホームページといった情報を鵜呑みにしないということが重要です。

これは、すべての情報に当てはまります。

新聞やテレビなどでも、発信源には立場というものがあります。端的には、たとえばスポンサーであったり、関連会社であったりです。

また、自社が主催や後援をしているプロジェクトやイベントは、あたかも盛り上がっているように表現されてしまう可能性があります。

そういったことを加味しながら、相手の立場も見ながら情報を収集し、理解し、追求していなければ、自分にとって本当に必要な情報を得ることができません。まずは、その能力を身に付ける必要があります。

【図表41　情報の発信源を理解する】

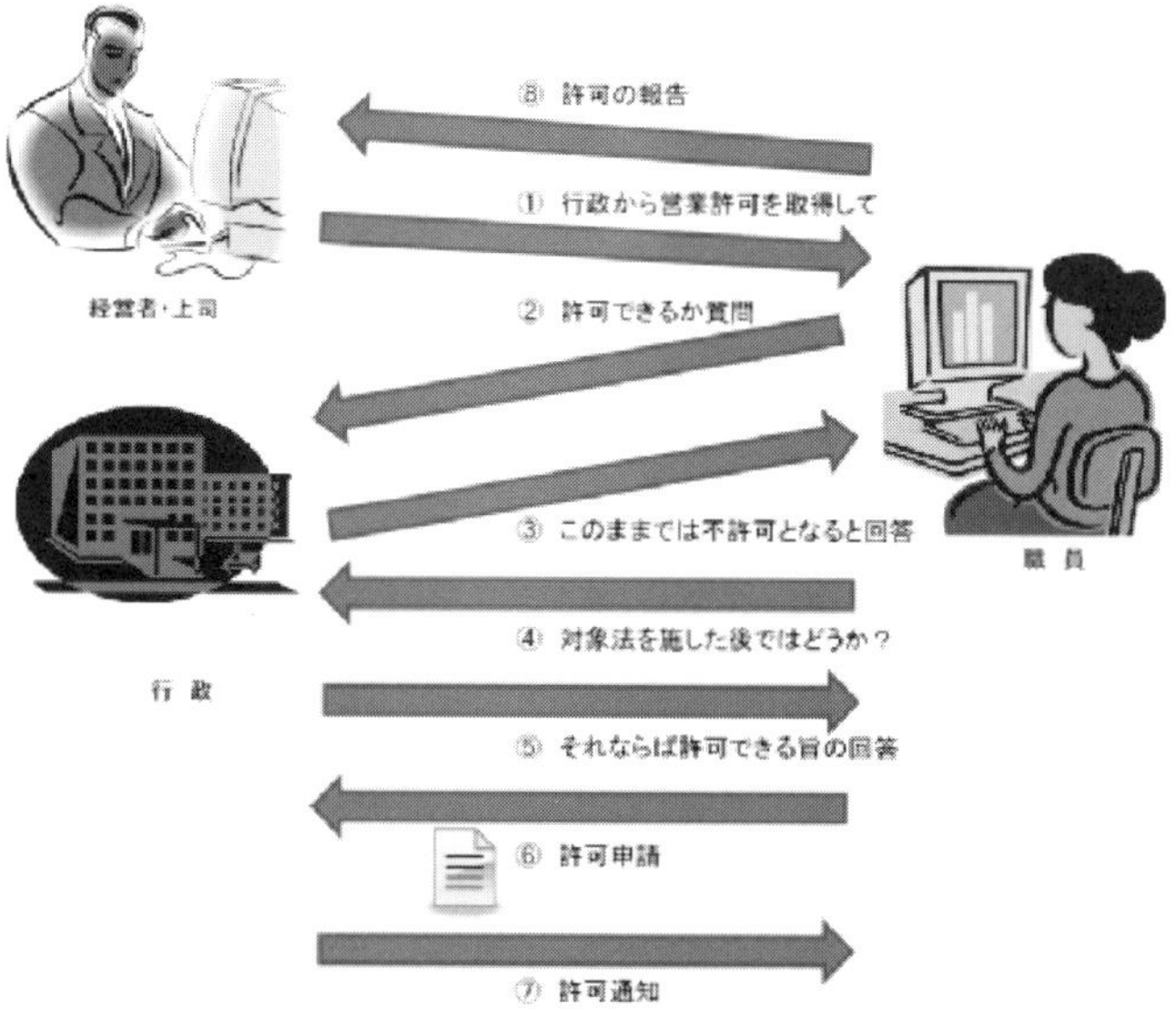
⑧ 許可の報告
① 行政から営業許可を取得して
経営者・上司
② 許可できるか質問
③ このままでは不許可となると回答
職員
④ 対象法を施した後ではどうか？
行政
⑤ それならば許可できる旨の回答
⑥ 許可申請
⑦ 許可通知

これもやはり、「雇用される能力」として必要不可欠な能力です。

「雇用される能力」を高めることを自己実現の材料とする

会社や上司から求められているものは、技術のみではなく、「雇用される能力」であると理解できれば、次は「雇用される能力」を「高める」必要があり、それをモチベーション向上のきっかけにする必要があります。

具体的には、たとえば介護スタッフの場合に、多くの職員は介護技術の向上には意欲的ですし、話を聞きます。

しかし、それが、ＰＣの入力作業であるとか、書類への記入についてとなると、あたかも、間違っても問題がない、もしくは、介護の現場で失敗することに比べたら、大したことがないと捉え、重要視していない人が多いと感じます。

些細な作業でも「雇用される能力」が試されている

その中でも、「雇用される能力」を意識することによって、書類への記入やPC入力も「事務処理能力」という、「雇用される能力」であり、欠かすことのできない重要な能力であると理解できます。

そうすれば、記載ミスや、PCへの入力ミスが、どれだけ会社全体のことを考えれば大きなミスかが理解できるようになってきます。

介護と書類に差がなくなってきます。

そして、自分の言動のすべてに責任を持てるようになってきます。

こうなると、事務処理も見事にこなす自分を周りが讃え、それが、達成感へと繋がっていくでしょう。

エリートは自己実現を達成しにくい可能性がある

自己実現を達成し続けるコツとしては、「雇用される能力」を成長させるという意識を持つことが重要ですが、その他のポイントとして、「目標設定」が重要です。

【図表 42　些細な作業でも雇用される能力が試される】

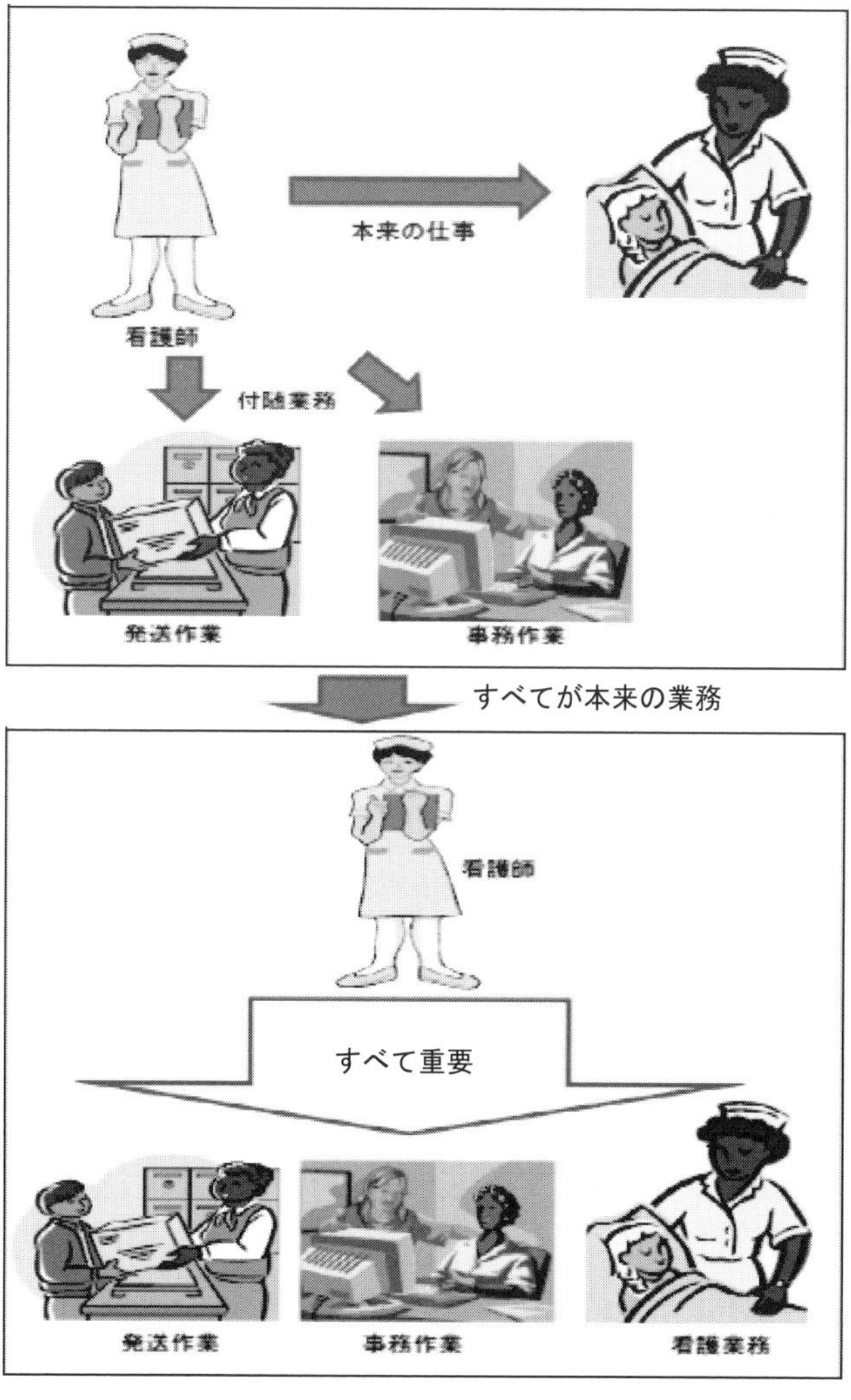

これが、できない人は、実はエリートに多いのです。

それは、学生の頃から、そこそこ勉強ができ、それなりの大学に入り、それなりの企業に就職し、それなりの環境の中で、それなりの教育を受けてきた人です。

どんな人でも変化し続けなければならない

こういった人は、大きな挫折を知らず、自分に能力が欠けていると認識できずにいます。注意されたり、批判されることにあまり慣れていないため、注意されても、相手が変わった性格だと認識してしまい、自分を「変化」させる必要性を感じることができないのです。

そういった方は、ぜひ本書で認識してください。自分は変わる必要があるのだということを。また、自分は変化し、成長を続けなければならないことを理解してください。

社会や会社が変化し続けるのですから、変化しなくてよい人など存在しないのです。

また、あなたを批判する変わった人が存在するならば要注意です。

その人の言葉に耳を傾け「目標設定」すべきです。

自己実現を達成し続けるためには、常に目標を持ち続ける

自己実現を達成し続けるには、目標設定が必要ですが、一番簡単な方法が、同僚なり、先輩なりで尊敬できる人を目指すことです。

【図表 43　常に目標を持ち自己実現を達成し続ける】

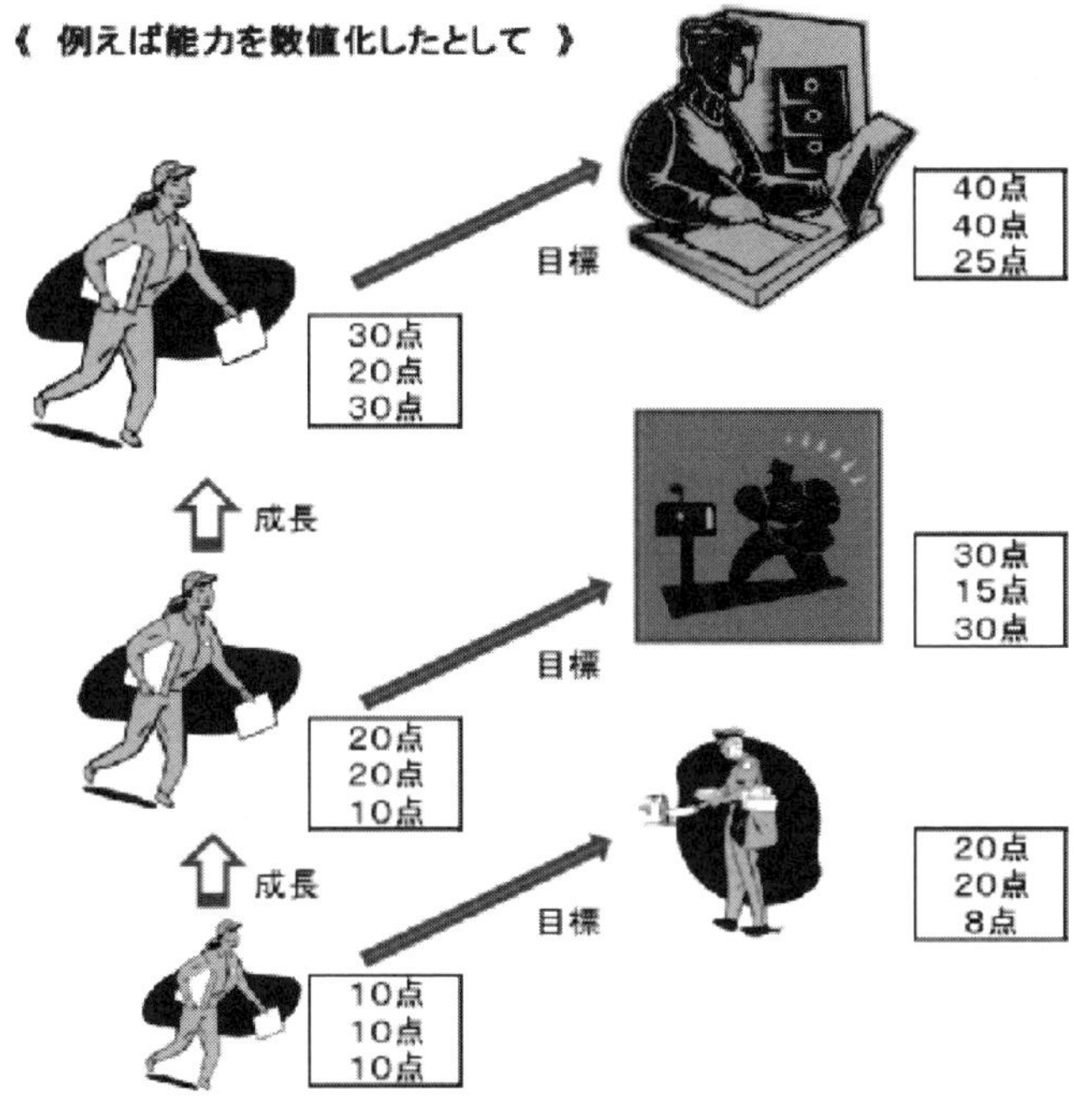
《 例えば能力を数値化したとして 》
目標
40点
40点
25点
30点
20点
30点
成長
目標
30点
15点
30点
20点
20点
10点
成長
目標
20点
20点
8点
10点
10点
10点

言い換えれば、その人のできることはすべてできるようになるような感覚です。

理屈でいえば、目標設定の対象となった先輩や同僚とあなたでは、あなたのほうが優秀な部分も存在します。

つまり、目標設定の対象となった人のできることが全部できれば、あなたは必然的にその人を超えることができるでしょう。

また、実際には、そうして目標にしていた人に追いつく頃には、他の人に目標が移り、その人を目指して頑張っていることでしょう。

そして、その頃には、当初あなたが、目標としていた人が、あなたのことを尊敬し、あなたを目標とするでしょう。

そして、あなたは多くのことを学ばせてもらったその人に心から感謝することができるでしょう。

そして、生涯の仲間を手に入れるでしょう。

キモ26 自己実現は自己の考えの押し付けではない

指示をあっさり否定する人

自己実現と自分の考えを他人に押し付けることは大きく異なります。

具体的には、最近よく聞く言葉は、「私はそういうタイプではありません」という表現です。

たとえば、「もう少し仕事のスピードを上げて」という指示に対して、「私はゆっくり確実に取り組むタイプなのです」と、その指示をあっさり否定する人がいます。


私はこういったタイプですというのはできない理由にはならない

それは、まず、社会人として上司の指示に従えないという意思表示であり、そんなことは許されないということと、「自分はこういったタイプなので、できません」というのは、言い換えれば自分はこうなのだから、その他の方法を受け入れる努力はしませんと言っていることになり、努力不足です。

そういったことでは、長期的に周りや上司と良好な関係を築いていくのは難しいといえます。

【図表 44　価値観や方針をわかりやすく伝える】

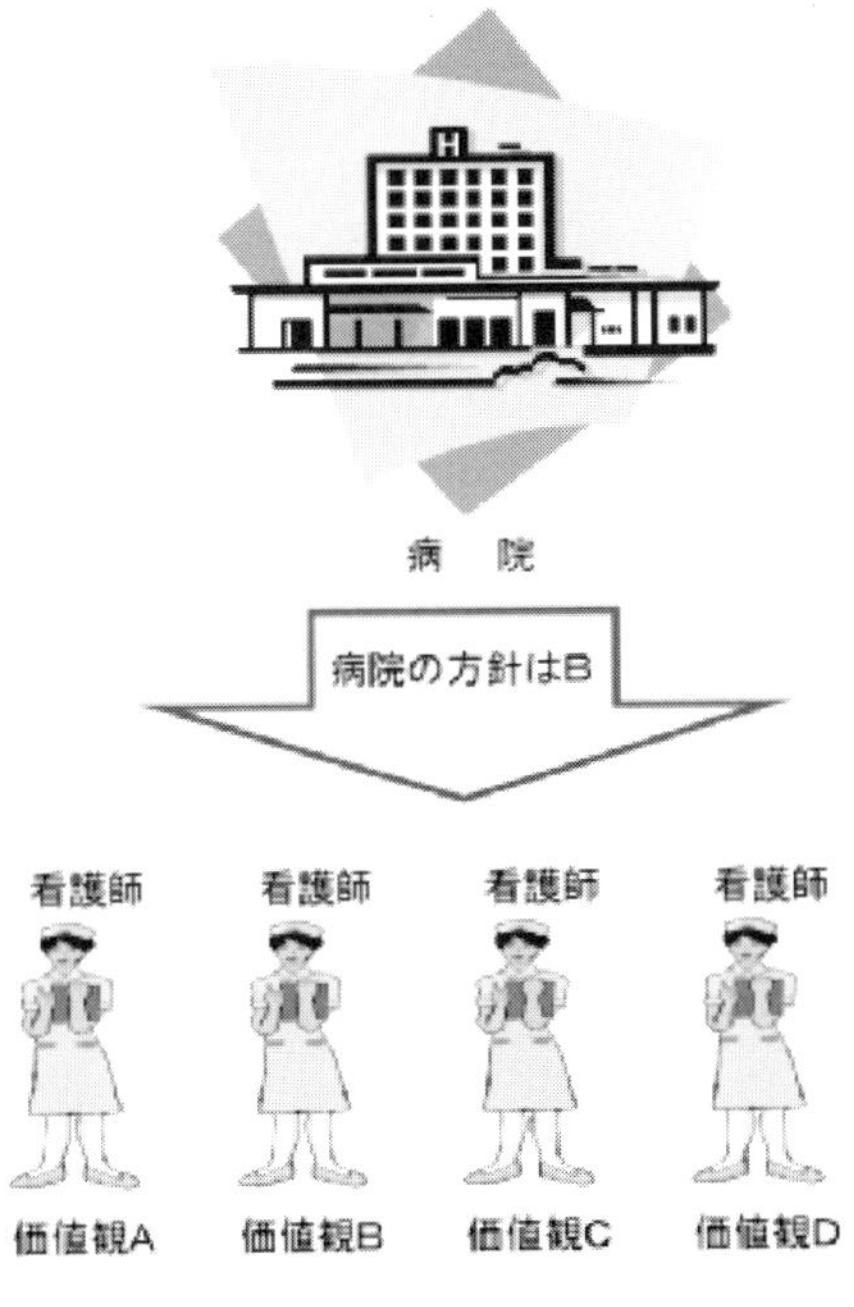
病　院
病院の方針はB
看護師
看護師
看護師
看護師
価値観A
価値観B
価値観C
価値観D

自己実現とは、「自分の存在の価値を自分で認識できること」ですが、そのために、多くのことを考えて多くの努力をして初めて自分でその価値を認識できます。

つまり、自分を変化させ、成長させてその必要とされるものに自分がなったときに、自分の成長を感じることができ、それが、自分の存在価値の認識へと繋がります。

このことから、自己実現がで

きず目標を持てない人は、会社の問題ではなく、自分の問題であり、それは、自分を変えるという努力に欠けているからだといえるでしょう。

自分を受け入れてほしいという発想を変える

なぜ今の自分のまま受け入れてもらうことがそんなにいけないのでしょうか。いけないことはありませんが、それでは、「給与が上がる」ということは、望めないということになります。

なぜなら、現実問題として、会社と入社したての職員はそれぞれ価値観や考え方は異なります。その中において、一職員の価値観に合わせて会社が価値観や方針を変えていくことはできません。一本筋の通った判断基準を、職員がわかるように示し、これに皆合わせてくださいと伝えます。会社としては、この方向へ皆で向かって行きましょうと表現するしか方法としてはないです。

つまり、会社としては、価値観や方針を一職員に合わせていくのではなく、価値観や方針を職員にわかりやすく表現していくことが求められています。

会社を自分に受け入れるという発想

それに合わせることのできる職員が伸び続け、それができない職員が伸び悩むということです。

ここで求められるのは、各職員の自己改革、つまり変化です。

会社の方針が正しいかそうでないかを疑い嫌うのか、一度自分の中に取り入れ、良い部分をどんどん吸収していくのかということです。

すべてが自分次第

これにより、人は成長を続け、自分の存在価値を確認しながら進んでいきます。

そこに充実感とやりがいを見つけ、それが、長期雇用へとつながるのです。

つまり、自己実現も、継続して同一会社で勤務することも自分次第なのです。

キモ27

会議を上手く使おう

会議は、問題や未解決事項を解決するために開催

そもそも会議とは何のために開くのでしょうか。

それは、皆で決めなければならない問題や未解決事項があるからです。

では、どういった人を招集するのでしょうか。

それは、その問題点を解決してくれると思える人、またはそれを聞いておくべき人です。

【図表45　自分の意見を自分の言葉で伝える】

まったく関係のない人を呼んでも無駄です。

このことから、会議は、問題や未解決事項を解決するために開催されます。

これに対して、会議に参加するメンバーは、全力でその問題点や未解決事項について結論を探すべきです。

それなのに、その会議で発言をしない人があまりにも多いのです。発言をするとしても、人の意見に乗っかるだけの、自分の意思のない、まさに長いものに巻かれているだけの人が多いのです。

この会議の場でこそ、自己実現のため、自分の意見を自分の言葉で伝えるべきです。

会議で発言しないということは問題を解決する気がないということ

この会議の場で、自分を試し、会社と自分の考え方の差異や方針の違いなどを確認し修正するべきです。

会議で発言しないということは、問題を解決するつもりがないということになりますから、非常に会社から見れば悪質に映ります。

しかし、闇雲に発言しても意味がありません。また、最もしてはならないのは、「自分を守るための発言」です。

会議の目的に沿った発言をする

つまり、長々と話を続け、その結論が、「問題点は自分ではなく、他の人にある」というような趣旨の発言です。

何ら問題の解決にならないですし、本当に時間の無駄となります。

そうではなく、問題を解決するための真っ直ぐな意見を単刀直入に述べ、さらには、自分の意見が通ることに執着するのではなく、物事を解決することにのみ集中していると、周りも耳を傾けます。

その会議の中で、自分を表現し、自分の意見が評価され、参考とされたり、採用されるようになると、そのプロジェクトなり、問題点なりが気になります。そうして、自分のモチベーションを上げていき、自己実現を図るべきです。

【図表 46　会議の結果を着実に実行する】

問題 ⇒ 会議 ⇒ 解決方法の決定 ⇒ 着手

会議の決定事項を守る

また、会議で出された結論や、決定事項に対して、周りに影響されることなく、着実に遂行してみるというのも、モチベーションの維持には効果的です。実際には会議で決めても、意外と実行に移さない人が多かったり、決定を無視したりする人が多いのです。

そうではなく、そういった決定に対し誠実に着実に遂行していくべきです。

ここで重要なのは、会議の結果を着実に遂行することにより、会社からの評価も上がりますし、何よりも、自分のモチベーションとして、会議で考えたことを検証し成長することができます。

会議の結論と持論を比較して成長する

会議の結論どおり着実に実行し、その結果と自分の考えを比較します。

これにより、自分の考えのほうが正しかったのか、または、会議の結論どおりにやった結果が正しかったのかがわかります。

ここで重要なのは、自分の考えたことしか実行しない人は、あくまでの自分の発想の範囲の結果しか存在しないので成長が遅いですが、前述の方法でいけば、自分の発想を超えた発見を自分の中に取り入れていけるので成長が早いといえます。

第10章　ブレない自分を持とう

■ブレない自分とは
《結論》相手や状況に惑わされることのない強い心。

キモ28 発言に統一性を持とう

自分の頭で考え、自分の言葉で発言する

人は長いものに巻かれたり、相手が嫌がることを避けたりしてしまうものです。

しかし、会議などにおいても、仲の良い上司が発言した後に、それに追随する形で賛成する姿などは、まさに、金魚のフンであり、見ていて痛々しいものがあります。

そうではなく、自分の頭で考え、自分の言葉で発言する人の意見は、説得力があり、魅力的です。

自分の意見でなければブレてしまう

日常業務においても、自分の意見ではなく、他人を意識して発言をしている人は、発言にブレが

【図表47　他人を意識して発言にブレが生じる】

生じてしまいます。

具体的には、上司A、部下B、部下C、部下Dで会議を行っている際、上司Aが赤色のプランを提案したとすると、つい、「僕も赤がいいと思います」と発言してしまいます。

そして、数日後、部下B、部下Cと食事をしているときに、部下同士なので、気が緩み、「俺って、赤色が嫌いなんだよなー。だから赤い車に乗っている人の気持ちがわからないよ」などと発言します。

自分では気づかないのですが、部下の2名からすると、「前の会議で言っていること違う」とすぐ気づきます。このとき部下の2人から、この人ダメだな、なんて思われてしまいます。

自分を素直に表現する

そうではなく、ちゃんと自分の意見を発言している人はブレません。

具体的には、先ほどの会議の例でいえば、ブレない人はちゃんと「僕は、黒がいいと思います」と発言します。

そんな中、数日後、部下B、部下Cと食事をしているときの会話でも、

「俺って、赤色が嫌いなんだよなー。だから赤い車に乗っている人の気持ちがわからないよ」と発言します。それを聞いた部下からは、

「○○さん、前の会議でも黒が好きって言っていましたもんね」

となります。

自分の意見であれば、上司と同意見のときも内容が違う

また、自分の意見であれば、上司と同意見でも発言の内容が異なってきます。

先ほどからの例でいえば、

「僕も赤がいいと思います。上司Aさんは、赤のよさを○○だと言いましたが、たしかにそこもいいですが、僕は、赤だとこんな利点があることから、絶対赤がいいと思います」

などといった、具体的な表現が追加されるはずです。

こういった発言は、上司Aからしても、新しい赤のよさを発見してくれた嬉しさと、自分の意見に賛成してくれた嬉しさ、さらには、発言者の言葉に説得力を感じることでしょう。

【図表48　自分の意見に私利私欲を入れない】

自分の意見に私利私欲を入れない

自分の意見をちゃんと言わなければなりませんが、そこに私利私欲が混ざっていては、説得力が格段に落ちます。

先日、私は、有料老人ホームの新規立上げにあたり、事業主様からいろいろと相談を受けていました。

その中で、事業主様のところにコンサルタントと名乗る方から提案があるので話を聞いてほしいと連絡がありました。

そして、私もその提案の場に立ち会うことになりました。

提案内容は、なかなか説得力があり、受け入れてもよいのではないかということになりました。

そして後日、再度詳細の提案内容を聞かせていただきました。

その際、建設会社は、コンサルタント会社の近くでもなく、事業主様の近くでもないA建設会社がお勧めであると提案してきました。

そこで、事業主様が

「なぜ、他県の建設会社なのか」

と質問すると、コンサルタントが

「非常に施工能力があり、優秀な会社だからです」

と答えました。

次に事業主様が、

「近くにある優秀な建設会社は知らないのですか」と質問しました。

すると、コンサルタントは、

「近くにもありますが、ここは実績が他とは違います」と答えました。

そこで、事業主様は、

「その建設会社は何件くらい有料老人ホームを建設しているのですか、また、御社は何件くらいその建設会社と取引しているのですか」と質問しました。

すると、コンサルタントは、

「件数はあまり把握しておりませんが、実は、私の親戚の知人の会社でして、そのことからも信用できるのです」と答えました。

【図表49　私利私欲が混ざると説得力を失う】

これで一気に事業主様の信用を失いました。

明らかにそこには私利私欲が混ざっており、事業主様に対して最善の提案をするという意思を感じることができませんでした。

このように、私利私欲が混ざると、つじつまが合わなくなり、言葉に説得力を失います。

良い所だけ聞いても決断できない

逆に真実を相手に真っ直ぐ伝えようとする人の言葉には説得力があります。

とくにこれは営業マンが提案などをするときに必要なことです。

人は人の話を聞いて、真実や未来が見えたときに決断できます。

それなのに、自社の良い所ばかり述べても、聞いた側はそれだけでは決断できないのです。

たとえば、「自社でやれば、こういうメリット

【図表50　メリットだけでなく、デメリットも伝える】

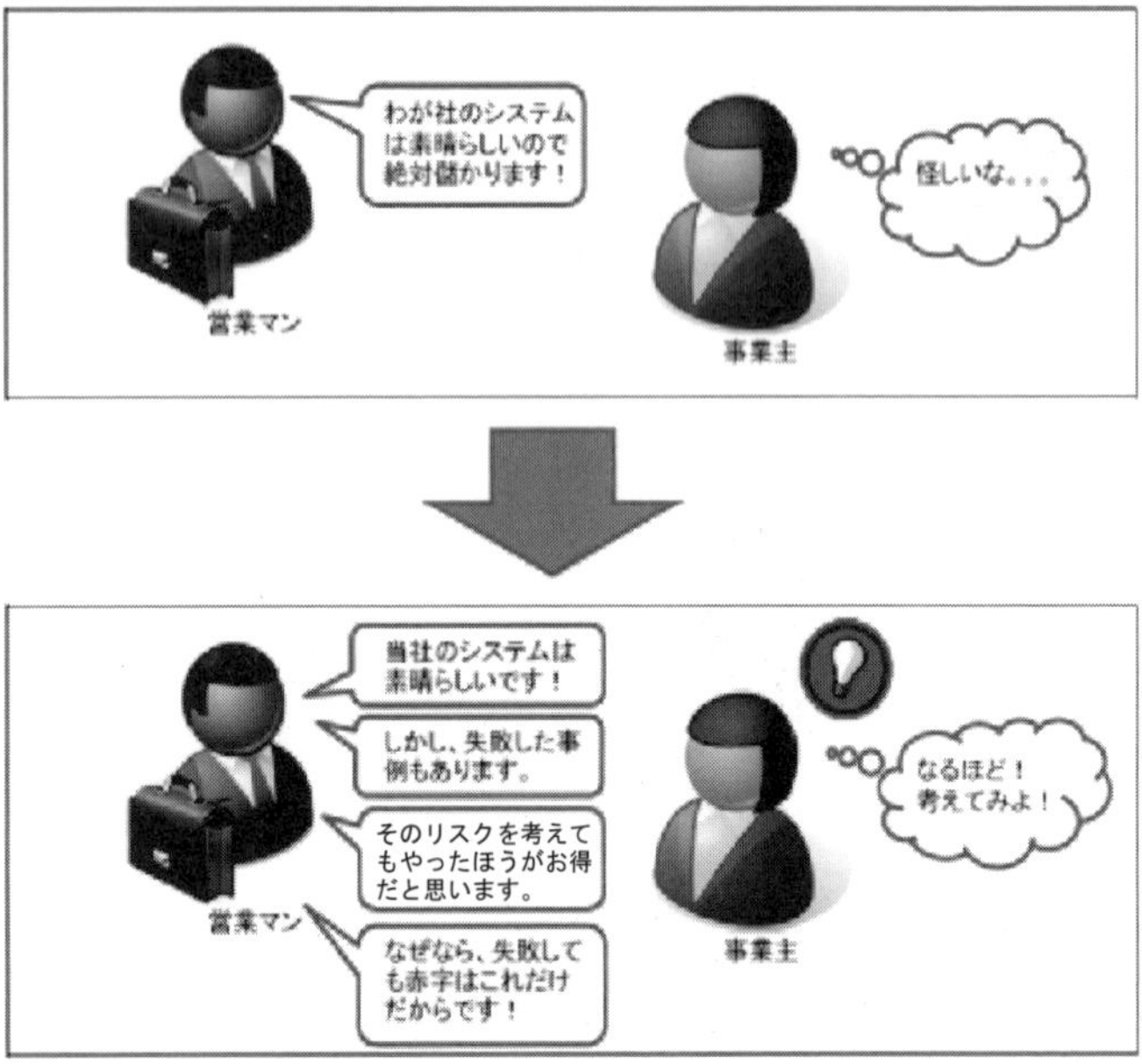

がありますが、こういうデメリットも発生します。しかし、総合的には利益をもたらすことができるので、ぜひやらせてほしい」と提案すべきです。

それも、包み隠さずすべてをお伝えすべきです。

真実の言葉には説得力がある

なぜ、自社の欠点も話さなければならないのかといえば、欠点のないものならば、あまりにもすばらしく、わざわざ提案をしてもらわなくても、自ずと日本中に浸透し、有名になっているからです。

そうではないということは、何らかの問題を抱えながらも、価値があるものなのだろうと考えるからです。

このことからも、真実をすべて伝えることにより、その言葉は説得力を持ちます。

そして、すべてを相手に伝え理解してもらったときに初めて相手は決断することができるのです。

損を恐れない

真実を伝えることや、デメリットを伝えること自体、「損」にあたるのかもしれません。

しかし、それが、真実であれば、いつかは「得」として戻ってきます。

私は、派遣会社の営業マン兼現場管理をしていた経験があります。

そのときでも、常に相手を思いやり、「誠実」に「真実」を伝えることを心がけていました。

具体的には、法律上、労働者派遣は、派遣先の正社員になるためのお試し期間という要素があります。

しかしながら、現実問題として、派遣会社は、派遣労働者が派遣先の正社員になることに対し、あまり良い気分ではありません。

それもそのはずです。派遣社員から派遣先の正社員になれば、派遣会社はただ単に売上が下がるだけだからです。

しかし、私は、どんどん派遣先への正社員化を進めていきました。

そのときの上司は理解のある方で、「君にすべて任せる」と言っていただいたので、勝手に派遣先への正社員化を進めていきました。

損をして得を得る

そこでどんな現象が起こったのかといえば、私が派遣労働者の正社員化をどんどん進めたことにより、派遣先の現場に私の担当させていただいていた元派遣会社の職員が派遣先の正社員として増えました。

そのことにより、派遣先の現場で私と仲の良い人が増えました。

そして、その人達をきっかけに現場の職員さんとの信頼関係が深まり、いつの間にか、数十社いた競合の派遣会社のほとんどが撤退し、私の勤務していた派遣会社の独壇場となりました。

これが、損をして得を得るであり、法の趣旨に則り、派遣先を思いやり、派遣労働者を思いやった結果です。

綺麗事ではない

これらの話は、非常に綺麗事に聞こえてしまうかもしれませんが、現実問題として、私の経験ではこちらのほうが良い結果が出ました。

これは、販売業などにおいても同じで、多く売りつけようだとか、高いものを売ろうとするのではなく、相手が求めているものを売るという気持ちが、継続的な取引を生みます。

キモ29 自分に芯を持つ

ブレないためには芯が必要

ブレないためには芯が必要です。

その芯は折れたり曲がったりしてはいけません。

でも、その芯は、常に自分で、真っ直ぐになっているか、細過ぎないのか、太過ぎないのか、確認が必要です。

たとえば、有料老人ホームの新設において事業主様から相談を受けている場合を想定してみましょう。建設会社を選定する際、A建設会社とB建設会社とC建設会社を比較した際にそんなに違いが見つからないとします。

そんな中、A社が今回受注できたら他に仕事を紹介するといってきたとします。

そうなると、A建設会社を薦めたくなります。しかし、下心はいつか見抜かれます。そして、それが不信感に繋がります。

「自分の芯」が歪んでいないか確認が必要です。

芯を貫いて利益に繋げる

たしかに、自分や自分の会社の利益になることを避けることは不利益に思えるかもしれません。

しかし、下心が見抜かれてしまうように、自分が欲に打ち勝ち、芯を貫いたときには、それもまた、言わなくても相手は見抜くものです。

それを相手が理解したとき、永続的に良いお付き合いができるでしょうし、一時的な利益よりも多くの利益をもたらします。

【図表51　ブレないためには自分の言葉に責任を持つ】

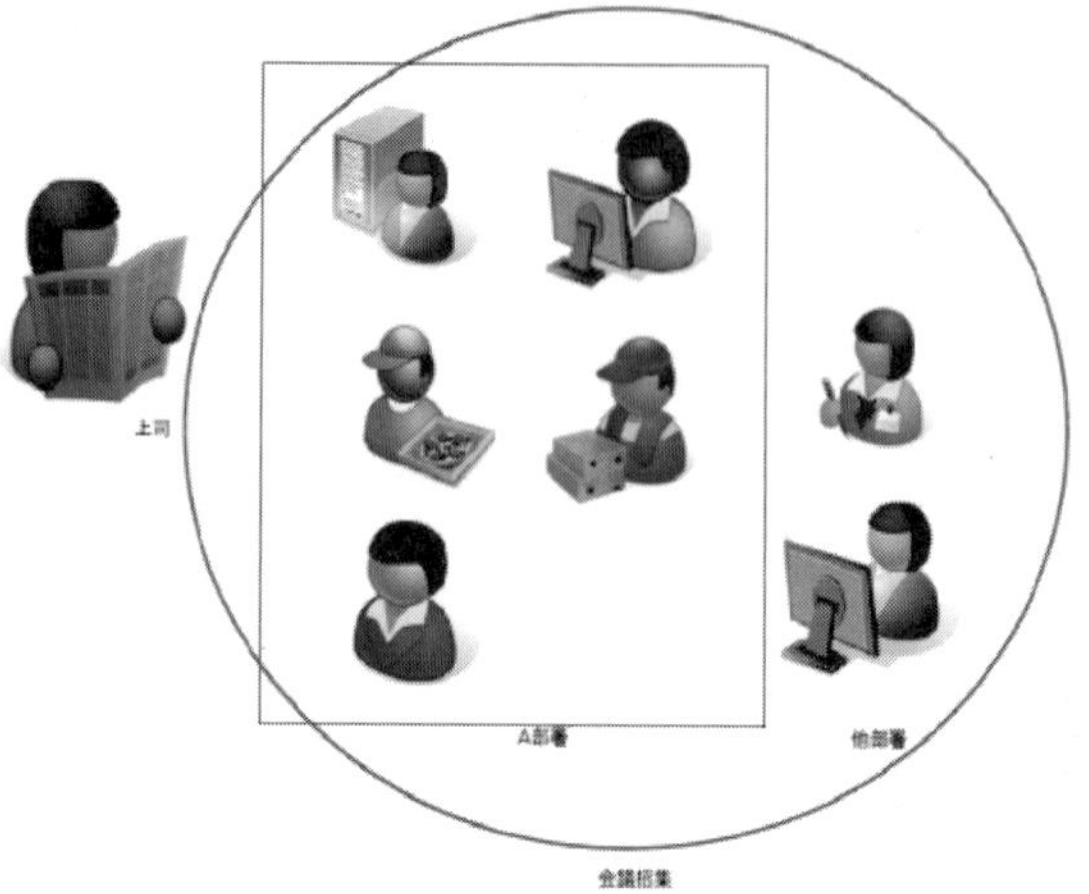

ブレない人は会議でも重要な人物となる

上司は、会議を開くときによりよい意見が欲しいと考えています。そうであれば、

「意見を出さない」

「人の意見に合わせる」

このような人は基本的に参加させても意味がありません。

しかし、担当者であるとか、関係者であることから一応参加させているのです。

このことから、自分の意見を言えるブレない人を会議に参加させることにより、より議論が確信に迫ることができることから、ブレない人を会議に参加させたくなります。

こういったことからも、もし、あなたが、あまり自分に関係のない会議に誘われるようになってくれば、ブレない人に近づきつつあるということであり、それだけ、あなたの言動が信頼を得てきているということです。

自分の言葉に責任を持とう

ブレないためには、さらに自分の「言葉」に責任を持つ必要があります。

多くの人から、

「それ、いい文章だね、手の空いたときにコピーだけくださいよ」

と言われ、

「わかりました。コピーしときます」

などと答えます。しかし、現実問題として、こういった会話は社交辞令になることが多く、意外と言った方は本当にほしいのだけれども、再度お願いするのも申し訳ないし、言いにくくなります。

そんなときでも、きっちりコピーして渡してあげるとそれだけで喜んでくれます。

また、それは、社内の小さな仕事にも繋がります。

よく、上司から、

「Aさんのあの件、進んでいるのかな?」

と聞かれると、多くの人が、

「また、今度お会いしたとき確認しておきます」

などと答えるものの、これもまた、社交辞令に終わり、実際に「自分」から、

「あの件ですが、Aさんに確認しましたら、今月中に完了するとのことでした」

などと答える人はなかなかいません。

　しかし、これもまた、質問したほうは、意外とどうなっているか本当に知りたいと思っている場合が多く、答えなかった人への不信感へと繋がります。

【図表52　メモを取る】

メモを取ろう

　このことから、自分が言った言葉には責任を持ち、「調べる」と言ったならば、調べるべきであり、それに時間がかかっているならば、その旨を報告すべきです。

　しかし、人は忘れてしまいます。

　とくに会話の中で、さらりと受けた依頼などは、忘れてしまいますし、忘れていたことにしても許される気になってしまいます。

　ここで、やるべきことは、メモを取るということです。

とにかく、メモを取り、毎朝そのメモを確認することです。

この習慣を身に付けるだけでも相当ブレない頼りになる人になることができるでしょう。

自分が情報の管理をする

ブレないためには、また、物事を確実に遂行していくには、情報を自ら管理する必要があります。

自分が情報の管理をするというのはどういうことかといえば、たとえば、上司から「調べておいて」と言われると、それを自分の管理下に置き、調べられるまで自分が確認するのです。

つまり、人に「調べる」作業をお願いしたとしても、人の責任にするのではなく、自分の責任として調べられたかどうか責任を持つということです。

顧客に手続を遅らせる原因がある場合

また、顧客との会話でもよくあるのが、自分が依頼を受けて行う業務のときに、依頼者に必要書類をお願いする場合などです。

顧客が必要書類を集めなかったから、または遅れたから、手続が間に合わないという発想は信頼を失います。

あくまでも、自分が情報を管理し、顧客に催促し、希望日までに手続を完了すべきです。

また、書類が揃わず、間に合わない場合は、「この日までに揃わなかったら、手続は遅れます」、「そうなると、何日くらい予定よりズレます」と情報の修正をしてあげるべきです。

このように情報を自己で管理し応対すれば、上司や顧客との行き違いもなくなります。

これができなければ、「あいつに頼んだのに結局上手くいかなかった」となり、あなたのことを頼んだ方は頼りなく感じてしまいます。

人にお願いしたことですらメモを取る

これらのことから、人にお願いしたことや、顧客にお願いしたこと、さらにはその期限ですら、自分でメモを取り管理する必要があります。

これは非常に大変な作業ですが、これができれば、あなたの仕事ぶりは超一流に見えるでしょう。また、言い換えれば、これができなければ、いい加減な人だなと映ってしまう可能性があります。

キモ30 常に結論を見据えよう

結論や結果を見据えている人

ブレない人は、常に結論を見据えています。

言い換えると、常に結果を求めています。

ここで重要なのは、結論や結果を見据えている人は、すべての言動にイメージができているということです。

書類作成は提出先をイメージする

書類を役所に出すわれわれの仕事においても、イメージができない人は仕事ができません。

イメージのできない人は、書類を取り寄せ、「書き方」を読み、そのとおりに書き、「書き方」に書いてある必要書類をお客様から取り寄せ、役所へ提出します。

そういったやり方では、まず書類は受理されません。

書類を役所に出すわれわれの仕事で、優秀な人は必ず1回で書類を役所に受理してもらうイメージを持っています。

そして、そのイメージから、まず、書類を受け取る側の役所をイメージします。

書類を提出する人のすべての実情がわかって書類の「書き方」を役所が作成しているのかといえば、そんなことができるわけがありません。

そのことからも、「書き方」に載っていないものもあることを想定しなければなりません。

また、「書き方」ができたタイミングも確認しなければなりません。

法施行後すぐなのか、法施行後数年経過しているのかなどです。

法施行後すぐの役所の立場に立って物事を考えると、「書き方」を作成してみたものの、実例や実績がない状態です。

まず、完全な「書き方」を作成することは困難です。

しかし、法施行後数年経過した後に存在している「書き方」は、かなりの熟成が進んでいますので、ほぼ、それを見るだけで、いい仕上りになります。

書類作成は自分をイメージする

さらには、優秀な人は、自分が書類作成上、記載ミスをすることも想定します。

自分が書類作成上、記載ミスをすることを想定できていれば、自分が書類完成後、チェックする際も、注意深く確認でき、ミスを減らすことができます。

そうでない人は、自分がミスをするイメージを持たないので、何度も同じくミスをし、それに気づきません。

書類作成は記入対象をイメージする

最後に書類作成上、優秀な人は、記入対象をイメージします。

つまり、対象となる相手が、

① どのような書類を揃えるのか

【図表 53　書類作成は自分をイメージする】

役所は、これを理解できているかな。
役所は、これを想定できているのかな。
自分は、たぶん住所を書き間違えるだろうな。
自分は、たぶん数字を書き間違えるだろうな。
この会社は、たぶん書類を集めるのに苦労するだろう。
この会社は、たぶんAという結果なら怒るだろうな。

② どれくらいのスピードで揃えることができるのか
③ どのような内容で提出してほしいと考えているのか
④ どのような結果なら満足するのか
などです。

これが、できていない人は、後になって追加書類を要求したり、後になって、要件を欠いているので再度要件を満たすように依頼したりします。


追加で必要な要件を伝えたり、再度の書類提出のお願いは信用を失う

実際に追加で必要な要件を伝えたり、再度の書類提出をお願いした場合、相手側からすれば、「この人はなぜ初めに言わなかったのだろう」

となります。それは、知識不足であったり、準備不足を露呈していることになり、相手の信頼を失います。

これは相手からすると、あなた自身がブレているように映ります。

このことからも、必ず必要な要件や必要な書類は、最初の段階ですべてを相手に伝えることを心がけなければなりません。

第11章　評価されてもタイミングを待とう

■給与が上がるタイミングとは
《結論》給与は人件費が削除できたときに上がりやすい。

キモ31　給与を上げるにはタイミングがあることを理解しよう

タイミングは多くない

いくら頑張っていても、給与が上がるには、やはりタイミングというものがあります。

それは、実は職員の能力が向上した、または、職員が大きな成果を上げたなどという職員のタイミングではなく、会社のタイミングが主です。

もちろん、職員の能力向上など職員の都合により上がる場合もありますが、それは、タイミングというよりは努力と結果によるものなので、それは、ここではひとまず置いておいて、会社が給与を上げるタイミングを理解すべきです。

ちなみに、そのタイミングは多いとはいえません。

会社は頑張っている人の給与を上げたくないわけではない

会社は意外と、頑張っている職員の給与を上げたくないと思っているわけではありません。

もちろん、いくらでも上げていいというわけではありませんが、適正な金額であれば、むしろ上げてもよいと考えています。

しかし、それでも給与が上がらないのは、そこに弊害があるからです。

弊害の具体例としては、

① 他の職員とのバランスを欠く
② 急激に給与を上げることにより今後に過度の期待を与えてしまうというリスク
③ 例外をつくりたくない
④ 人事制度の厳守

などのようなことが考えられます。

会社は自分で自分を守らなければならない

思いのほか、くだらない保守的な理由に見えるかもしれませんが、労務の世界では、あまりにも多くの事例が発生することから、法でも判断がつかない場合が多くあります。

そこで重要なウエイトを占めるのが、過去の事例です。

つまり、就業規則でダメだと書かれていても、過去に許した事例をつくると、争いになった際に

【図表54　会社は自分で自分を守らなければならない】

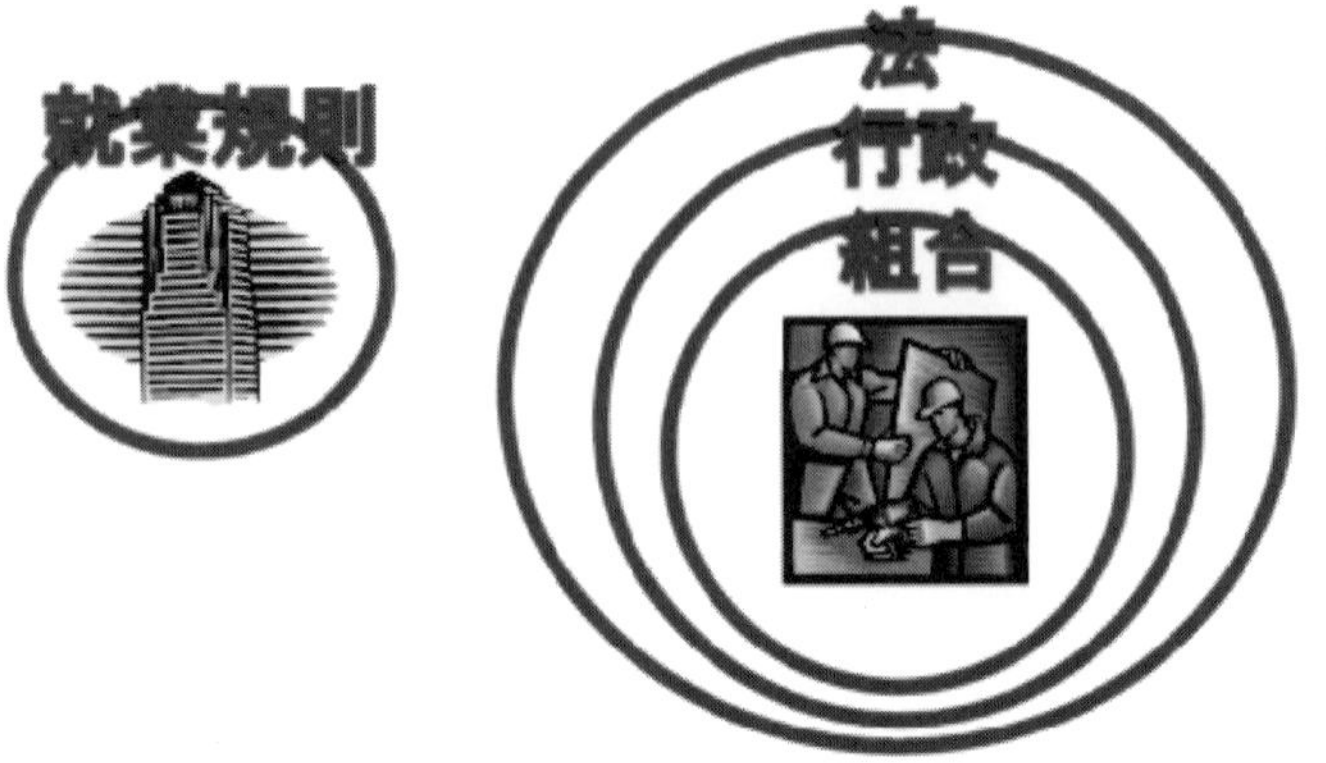

負けてしまう可能性があります。

会社の立場は、労働法では守ってくれません。職員の立場は、労働法などが守ってくれているのです。

そのことから、会社は、自分で自分を守らなければなりません。

そういった会社の心情を理解することも重要です。

給与を上げるには理由がいる

このことから、給与を上げるには理由が必要となります。

「上げざるを得ない」

という事実が必要となるのです。

その1つが、職員が減少し人件費が削減されたが、残されたメンバーで仕事をやり切っている場合です。

この場合、やはり、本当はもう1名追加しなければならないが、残りのメンバーがフォローしてくれて職場が回っているという大義名分があります。

また、現実に1名削減されたのであれば、会社側の経費としても浮きます。

特別な理由

さらには、その理由が特別なものでなければなりません。

つまり、今回だけは、やむを得ないだろうといえる理由でなければなりません。

それは、今後も同じ事例が発生すれば、また、給与を上げなければならなくなる恐れがあるので、あくまで、特別な場合であることが重要です。

具体的には、たとえば、職員が減少し、人件費が削減されたが、残されたメンバーで仕事をやり切っている場合で、かつ、今回は他に大きなプロジェクトがあり、猫の手も借りたいくらいなので、どうしても、人材をその部署には追加できない場合や、原則は、職員を追加して正常な状態に戻すところであるが、今回に限り現職員の給与を上げて対応するほうが望ましい場合などです。

このような場合においては、似たような事例が発生しても、前回は特別であり、やはり、原則的には認められないといえるからです。

そうでもしなければ、給与を上げなければならない場面が増え続け、経営を圧迫します。

人件費が削減できたときは給与を上げやすい

また、経営面からいえば、やはり企業全体の人件費をコストカットできたときは、給与を上げや

【図表55　経営者は頭の中で費用対効果を考えている】

すいといえます。

そのことから、給与の上がるタイミングとしては、このタイミングが非常に重要であるといえます。

なぜなら経営者は、常に、頭の中で費用対効果を考えています。

このことから、人件費をコストカットできた場合であれば、費用対効果が改善されるわけですから、多少の投資をしてもよいのではないか、と考えることができるのです。

役職の変更

その他、役職の変更時においても、給与の上がるタイミングとしては非常に重要です。

これは、経営者からみれば、滅多に発生することでもないことと、心情的にも上げたほうがよいと判断しやすいタイミングといえます。

このチャンスを待ちましょう。

キモ32 評価されてもワガママはダメ

ダメなものはダメ

　努力の結果、評価されるようになったとしても、ワガママはいけません。「自分がここまでにしてきたのだから、これくらいは許されるはずだ」という発想が崩壊を招きます。

　そこまでにその人がしたとしても、ダメなものはダメです。

　人が魅力を失う1つのポイントに「人の足元を見る」ことが挙げられます。

人の足元を見て言うワガママは取り返しがつかない

たとえば、職員が少なくなり、少ない人数で現場を回して頑張ってきたとして、内容的にも技術的にも、そろそろ給与を上げてほしいと思うことは自然です。

　しかし、そういうときに、給与を上げてくれなければ辞めますなどということは言ってはいけません。

人数が少なくて、1人でも辞めれば現場が回らないことを知っていながら、「給与を上げてくれなければ辞めます」などという交渉をした場合の損失は、二度と取り戻すことができないでしょう。

自分の待遇を上げなければ辞めるというのは脅迫

まず、経営者は、「辞める」ということを交渉の材料に使う職員に対して、嫌悪感しか感じません。

しかしながら、経営上は、やむを得ず雇用を継続しなければならない状態で引き止める場合がありますが、その人には期待をしなくなります。

つまり、給与を上げて、そこで働き続けたいと思うのなら、絶対にこういった交渉の仕方は避けるべきです。

職員側に立っていえば、労働環境や能力からして、不当に賃金が低いと感じる場合があるかもしれません。

また、少ない人数で大変な思いで働かせておきながら、給与を上げないということに大きな不満があるかもしれません。

しかし、だからといって、相手が困っていることを知っていながら、「辞める」という相手にとどめを刺すような脅迫はしてはいけません。

「あの人を辞めさせなければ私が辞めます」もダメ

それなりに評価され、それなりの地位になると、より高い目標を持ったり、働く意識も向上します。

そこで陥りがちなのが、自分の目指しているものに、どうしても邪魔な存在が発生する場合があります。

仕事的に見ても、ダメな存在が出てくる場合があります。

しかし、会社はいろいろな人が働く場所です。

「ダメな人がいる」ということが事実かどうかではなく、そういう人を受け入れない人のほうが経営者から見ればダメなのです。

そういったことからも、自分がダメたと思う人が現れたとしても、決してその人の解雇と自分の辞職を天秤にかけないでください。あなたが、ダメな人よりダメになります。

「能力」「評価」「給与」の関係

能力が上がれば、やはり評価してほしいし、給与が上がってほしいものです。

しかし、現実問題として、多くの職員がいる中で、完全に能力と評価と給与を連動させることは残念ながら不可能といわざるを得ません。

そのことからも、じっくり構えて待つことも重要です。

そうすることにより、タイミングが訪れてきます。

評価され過ぎるのもツライ

実は、評価され過ぎるのもツライものがあります。

それは、自分の実力以上の仕事が回ってきたり、過度の期待をされたり、さらには、その期待に応えなければならないというプレッシャーが重くのしかかります。

このことから、能力以上の評価を受けてしまった人の離職率は高いのです。

もちろん、職員という立場では、適正な評価をされ、適正な給与をもらえることが望ましいのでしょうが、焦らないことです。

歩み寄る

会社は、職員が能力を発揮し、働きやすい環境の整備（ダイバーシティー戦略）に努め、職員は、雇用される能力（エンプロイアビリティ）の向上に努め、お互いが歩み寄り、思いやって努力することが必要です。

このことを踏まえ、職員という立場で本書を読んでくださっている方は、ぜひ、会社がどうであるかは気にせず、会社に給与を上げたいと思わせるよう日々努力することをお勧めします。

その努力の積み重ねが、いつしか自分でも想像できないような成長に繋がり、それが、すばらしい評価や給与に繋がると思います。

また、そうなられることを心より願っております。

おわりに

本書を書き終えてみて、改めて思うことは、給与が上がるという作用の働く人は、「かけがえのない人」ということです。

実際に、技術や売上を一生懸命伸ばして、自分が1番になったとしても、あまり評価されない場合があるのは、実は経営者から見れば、それは些細なことだからです。

なぜなら、技術は教えることができます。売上を伸ばすことも、人物さえよければ育てることができます。

たとえ、あなたほどの技術に到達しなかったとしても、経営者からみれば、大きな問題ではないのです。

しかし、職員が会社や経営者に思いやりを持って接してくれて、かつ、経営者もその職員のことを思いやれるような人材は本当に少なく、それが「かけがえのない人」なのです。

その理由は、現在の「雇用流動化社会」において信頼関係を築くということが非常に困難になってきていることが考えられます。

愛社精神を育てるような取組みは、忠誠心は育っても、会社や経営者を思いやる心は育ちません。

これは、終身雇用が崩壊したことによって生ずる一番の痛手ではないでしょうか。

年功序列や終身雇用は、「離職する」ことをあまり想定していなかったため、信頼関係をお互いに築きやすく、またお互いが築こうとしました。

しかし、終身雇用が崩壊し、職員は些細な理由で会社を辞めていくようになってしまいました。

また、労働者派遣制度の浸透により、転職が気軽になり、かつ、契約が重要視されるようになりました。これは、労働者に選択権を与えたり、労働者の権利を保護するためには有益ですが、経営者と労働者の間に溝を生じさせてしまいました。

さらには、契約違反であるとか法律違反だといって些細な事柄を取り上げ「法的には」などと経営者に詰め寄る職員が増えました。

もちろん、法律違反や契約違反は、許されない行為です。

しかしながら、法には「解釈」があるということを理解すべきです。

極端な例でいいますと、1つの事件の裁判において、片方は終身刑を主張し、片方は無罪を主張するということはよくあります。また、裁判官によってその判断は異なります。

つまり、あなたの主張はあなたの解釈です。

立場が違えば解釈が異なることもあります。

それを一方的に押し付ける行為は明らかに経営者の心象を害します。

そうなりますと、経営者が職員のためにと思って行っている福利厚生などがバカバカしくなってきます。

それは負のスパイラルです。

あなたがミスをした場合、経営者は叱責や注意をしたとしても、結果的に見逃すと思います。

法的にはなどと詰め寄らないと思います。

あなたは経営者のミスをどうするか、ということです。

現在において、あなたと経営者はすでに対等です。

まだ自分のほうが弱い立場だと考えていたら、それは間違いです。

「会社はいざとなったら解雇する場合があるじゃないか」と思うかもしれませんが、あなたもいざとなったら「離職する場合がある」わけです。

恋愛と同じように、相手の間違いを正していくのではなく、自分の権利を振りかざして戦うのではなく、相手を受け入れ、認め、相手に尽くす、そんな気持ちで働いてみようではありませんか。

そうすれば、あなたは成長できます。

もし、その経営者が給与を上げなくても、それを見ている他の経営者が声をかけてくれるでしょう。

それくらい輝いていればいいのです。

きっと見つけてくれるはずです。

そのとき、あなたは「かけがえのない人」となっていることでしょう。

著者略歴

瀬戸口 健治（せとぐち　けんじ）

昭和50年生まれ。中央大学法学部卒。

百貨店勤務、人材派遣会社勤務などを経て、現在、瀬戸口労務管理事務所代表、瀬戸口行政書士事務所代表、セトローク株式会社代表取締役、一般社団法人大阪中小企業協会理事長。

得意分野は、人事コンサルティング、医療・福祉・介護、高齢者施設、建設業などの起業支援および運営コンサルティング。

平成25年7月に大阪府堺市より「労働環境整備促進業務」を受託し、市内の中小企業に勤務する従業員にとって働きやすい元気な職場づくりのための改善提案、社員教育制度や人事労務制度の改善提案を行う。

人事のプロが教える 評価を上げ給与をアップする32のキモ

2013年7月23日発行

著　者　瀬戸口 健治　©Kenji Setoguchi
発行人　森　　忠順
発行所　株式会社 セルバ出版
〒113-0034
東京都文京区湯島1丁目12番6号 高関ビル5B
☎ 03（5812）1178　FAX 03（5812）1188
http://www.seluba.co.jp/
発　売　株式会社 創英社／三省堂書店
〒101-0051
東京都千代田区神田神保町1丁目1番地
☎ 03（3291）2295　FAX 03（3292）7687

印刷・製本　モリモト印刷株式会社

Printed in JAPAN
ISBN978-4-86367-125-6